장애인을 위한 화면해설론

본 저서는 동명대학교 스타(STAR)사업의 지원으로 개발되었음.

장애인을 위한 화면해설론

-배리어프리(barrier-free)영화와 방송을 위한 화면해설작법과 정책

유승관·김정희

시간의 물레

머리말

화면해설이란 시각장애인들에게 영상에 대한 이해와 흥미를 높이기 위해 '소리로 화면을 보여주는' 것이다. 즉 화면의 이해를 위해 등장인물의 행동, 의상, 몸짓 및 기타 장면의 상황 변화 요소를 음성으로 설명하는 일이다.

화면해설 작업은 영상을 단순히 언어적으로 풀어쓰는 작업에 그치는 것이 아니다. 개인적 감정을 개입시키지 않고 객관적인 방법으로 그러나 감정을 불러일으킬 수 있는 방식으로 기본 정보(사람, 장소, 시간, 행동)를 반드시 포함해서 그 내용을 명확히 전달해야 한다.

이런 의미에서 화면해설은 영상에 대한 통합적 해석력이 요구되는 작업이며, 어떤 단어와 문장으로 구성하느냐에 따라 의미가 새롭게 만들어지는 "창조적 과정"이라 할 수 있다.

화면해설 분야는 시청각 장애인에게 프로그램의 이해도를 높이기 위한 자막과 함께 쉬운 언어묘사를 통한 지식정보의 공유를 실천하는 중요한 분야이다. 특히 방송법 시행령 및 장애인차별금지를 위한 법률 제정과 영화와 스마트 미디어 분야에서도 시각장애인을 포함한 소외계층에 대한 정책적 지원과 동등한 접근권에 대한 인식이 확산되면서 전문 인력의 필요성도 새롭게 부각되고 있다. 이 책은 이와 같은 장애인을 위한 방송 및 영화 그리고 일반적인 영상콘텐츠에 대한 화면해설의 필요성에 대한 이해의 폭을 넓히고, 사회적 수요에 대비한 전문 인력 양성을 위한 기본적인 가이드를 제공하고자 화면해설에 대한 이해와 화면해설의 기법 소개, 화면해설의 원칙과 장르별 이해, 국내외 화면해설의 현황과 전망 등에 대한 내용을 근간으로 하고 있다.

이 책은 이러한 종합적인 능력이 요구되는 화면해설제작 작업을 위한 기본적이고도 구체적인 내용으로 구성되어 있다. 본 저서는 크게 두 부분으로 나뉘어 있는데 1장에서 6장까지는 화면해설을 위한 기본적이고도 구체적인 방법과 작법에 대해 다루었고, 7장부터 9장까지는 화면해설과 관련된 정책과 인력현황 그리고 미래기술에 대한 내용으로 구성되었다.

구체적으로 1장에서는 영상글쓰기, 2장에서는 화면해설의 개념, 3장에서는 화면해설쓰기의 과정, 4장에서는 화면해설, 무엇을 설명할 것인가?, 5장에서는 화면해설, 어디까지 설명할 것인가?, 6장에서는 화면해설 지점은 어떻게 만들어지는가? 그리고 7장에서는 국내외 화면해설방송 현황과 관련 정책, 8장에서는 장애인방송 인력현황, 그리고 9장에서는 화면해설의 정책방향과 미래에 대해 설명하고 있다.

본 저서를 구상하는데 도움을 주신 한국콘텐츠진흥원 창의인재양성팀 관계자 여러분에게 감사드리며, 흔쾌히 출판을 허락해주신 시간의 물레 출판사 여러분들에게도 지면을 통해 감사의 말씀을 전한다. 또한 화면해설과 관련된 세미나와 교육을 분담하며 유용한 아이디어와 의견을 주신 시청자미디어재단 최종숙, 류위훈 팀장과 직접 발로 뛰어서 입수한 최근 장애인방송 관련 해외정책과 인력현황 자료의 인용을 허락해 주신 한양대 최은경 박사님, 전남대학교 주정민 교수님께도 감사의 말씀을 드린다.

부디 이 책이 시각장애인이 다양한 방송프로그램과 영화를 포함한 영상 콘텐츠를 즐기고, 화면해설에 관심이 있는 모든 일반인과 학생들에게 조금이라도 도움이 되길 기원한다.

CONTENTS

1장. 영상글쓰기 ································· 9

2장. 화면해설의 개념 ··························· 39

3장. 화면해설쓰기의 과정 ······················ 57

4장. 화면해설, 무엇을 설명할 것인가? ········ 71

5장. 화면해설, 어디까지 설명할 것인가? ······ 95

6장. 화면해설 지점은 어떻게 만들어지는가? ··· 133

7장. 국내외 화면해설방송 현황과 관련 정책 ··· 153

8장. 장애인방송 인력현황 ····················· 197

9장. 화면해설 정책방향과 미래 ················ 205

참고문헌 _ 218
부록 _ 220
찾아보기 _ 235

1장. 영상글쓰기

'Barrier-Free 화면해설'에 대해 어떻게 설명할까 고민하다가 갑자기 궁금해졌다. 최고의 정보력을 갖췄다는 포털사이트의 지식인은 어떻게 정의 내리고 있는지 녹색 네모 칸을 통해 'Barrier-Free'를 검색해 보았다.

> **두산백과**
> ## 배리어 프리
> [barrier free]
>
> **요약** 고령자나 장애인들도 살기 좋은 사회를 만들기 위해 물리적·제도적 장벽을 허물자는 운동.
>
> 1974년 국제연합 장애인생활환경전문가회의에서 '장벽 없는 건축 설계(barrier free design)'에 관한 보고서가 나오면서 건축학 분야에서 사용되기 시작하였다. 이후 일본·스웨덴·미국 등 선진국을 중심으로 휠체어를 탄 고령자나 장애인도 일반인과 다름 없이 편하게 살 수 있게 하자는 뜻에서 주택이나 공공시설을 지을 때 문턱을 없애자는 운동을 전개하면서 세계 곳곳으로 확산되었다.
>
> 특히 스웨덴의 경우에는 1975년 주택법을 개정하면서 신축 주택에 대해 전면적으로 배리어 프리를 실시해 휠체어를 타고도 집안에서 불편 없이 활동할 수 있도록 문턱을 없앰으로써 다른 고령화 국가에 비해 노인들의 입원율이 크게 낮아졌고, 일본에서도 이미 일반 용어로 정착되어 쓰이고 있다.
>
> 2000년 이후에는 건축이나 도로·공공시설 등과 같은 물리적 배리어 프리뿐 아니라 자격·시험 등을 제한하는 제도적 법률적 장벽을 비롯해 각종 차별과 편견, 나아가 장애인이나 노인에 대해 사회가 가지는 마음의 벽까지 허물자는 운동의 의미로 확대 사용되고 있다.

〈두산백과 / 2012년 개정판〉

일반적으로 배리어프리란 고령자나 장애인들의 생활에 장애가 되는 물리적·제도적 장벽을 허무는 것을 의미하고 1974년 UN장애인생활환경 전문가회의에서 '장벽 없는 건축설계'에 관한 보고서가 나오면서 본격적으로 사용되기 시작했다. 이후 휠체어를 탄 고령자나 장애인도 편안하게 살 수 있게 주택이나 공공시설을 지을 때 문턱을 없애자는 운동을 전개하면서 세계 곳곳으로 확산되었다. 이렇게 건축에서 시작된 '배리어프리'는 물리적 장벽이라는 한정된 의미에서 벗어나 장벽이 존재하는 모든 영역으로 확장되어 적용되기 시작했고, 2000년 이후에는 각종 차별과 편견, 나아가 장애인이나 노인에 대해 사회가 가지는 마음의 벽까지 허물자는 운동의 의미로 확대 사용되고 있다. 따라서 장애인의 영화(영상물) 관람을 위한 '배리어프리 해설(화면 자막해설)'도 그 연장선에 있다(정기평 외, 2015).

미디어 분야에서는 특히 1983년 일본의 NTV를 통해 세계 최초로 배리어프리 방송이 송출되었고, 우리나라의 경우 2002년 〈전원일기〉 화면해설방송을 효시로 방송, 영화 영역으로 그 폭을 꾸준히 넓히고 있다.

최근 '사단법인 한국시각장애인연합회'와 '배리어프리영화위원회'는 멀티플렉스 영화관 메가박스와 함께 2015년 11월부터 '메가박스 공감데이'를 개최한 바 있다. '메가박스 공감데이'는 영화관에서 영화를 감상하기 힘든 시각·청각장애인을 위해 화면해설 및 한글자막영화를 상영하는 날로, 11월부터 매월 첫 번째 목요일 메가박스 이수, 동대문, 해운대, 창원, 연수 등 전국에서 동시에 진행되었다. 이 행사는 2016년 6월까지 매월 진행되는데 전국 메가박스 대상으로 매월 새로운 상영관을 추가할 예정이며, 시각·청각장애인 및 동반 1인까지 1천 원으로 관람이 가능하다.

따라서 '메가박스 공감데이'는 전국 메가박스에서 동시에 진행되어 지방에서는 화면해설 및 한글자막영화를 관람할 수 있는 기회가 더욱 확대될 것으로 기대를 모으고 있다. '메가박스 공감데이'의 첫 번째 상영작으로는 손현주, 엄지원 주연의 추격스릴러 영화 〈더 폰〉(감독 김봉주)이 화면해설 및 한글자막영화에 선정됐다.

〈더 폰〉은 1년 전 살해당한 아내로부터 전화를 받은 한 남자가, 과거를 되돌려 아내를 구하기 위해 벌이는 단 하루의 사투를 그린 내용으로 〈황해〉, 〈거북이 달린다〉 등 액션영화에서 스태프로 참여한 김봉주 감독의 장편데뷔작이다.

〈더 폰〉 화면해설 및 한글자막영화 제작은 영화진흥위원회(위원장 김세훈)의 '장애인 영화관람환경 확대를 위한 한글자막 및 화면해설영화 제작사업'의 일환으로 (사)한국시각장애인연합회와 (사)배리어프리영화위원회가 공동으로 참여해 제작했다. (사)한국시각장애인연합회가 화면해설 및 한글자막영화 제작을, (사)배리어프리영화위원회가 극장 배급 및 홍보를 맡고, (사)한국농아인협회가 상영 및 모객을 지원하고 있다. 또한 그동안 〈미쓰 와이프〉, 〈사도〉가 화면해설 및 한글자막영화로 제작되어 전국 메가박스에서 상영되었으며, 총 15편의 한국영화를 화면해설 및 한글자막영화로 제작해 상영할 예정이다(배리어프리영화위원회, 2015).

방송 영역의 경우 KBS, MBC, SBS 지상파 3사를 기준으로 화면해설방송이 6% 정도 구현되고 있으며, 2015년까지 10% 구현이 방송통신위원회 고시로 강제되어 있다. 영화 영역의 경우는 2011년 말부터 영화진흥위원회와 CGV가 함께 사회공헌작업의 일환으로 개봉작을 '배리어프리 버전'으로 제작해 전국 17개 극장에서 매달 셋째 주 화, 수, 목요일에 '장애인영화관람데이'를 지정하여 운영해왔으며, 이후 주요 메이저 영화 투자배급사인 NEW, 쇼박스, 롯데엔터테인먼트의 참여로 확대되었고, 배리어프리영화는 부산 영화의 전당과 전국 30곳 멀티플렉스에서 정기적으로 상영되고 있다.

또한 2012년부터 한국시각장애인연합회는 한국농아인협회와 함께 시청각장애인의 영화 향유권 확대를 위해, 매월 최신 한국영화를 2~3편 정도 화면해설 및 한글자막 영화로 상영하였고 작품은 50여 편에 달한다.

2015년 현재 화면해설 및 한글자막 영화는 전국 35여 곳의 CGV, 메가박스, 롯데시네마 등에서 상영하고 있으나, 미처 극장에서 영화를 관람하지 못한 시청각장애인을 위하여 화면해설 및 한글자막 영화 VOD 서비스도 제공하고 있다(한국시각장애인연합회, 2015).

그럼에도 불구하고 배리어프리 영상 분야는 우리 사회에서 아직 양적·질적으로 너무나 미약한 상황이다. 화면해설에 대한 현실을 제대로 반영하지 못한 빈약한 인터넷 검색결과를 보면 배리어프리에 대한 우리 사회의 인식 정도, 가치 정도를 가늠해 볼 수 있다. 화면해설을 전문적으로 할 수 있는 인력양성 부분은 이 보다 더욱 심각하다.

여기 안타까운 검색결과가 하나 더 있다. 바로 우리나라 1호 화면해설작가 장현정씨에 대한 기사였다.

> **[인터뷰] 우리나라 1호 화면해설작가 장현정**
>
> "펜으로 시각장애인들에게 감동을 전합니다"
> "그들 이해하는 것 중요…마음의 부자 되고파"
>
> "그렇게 발로 뛰어서 5년이 지난 후 작품수도 많이 늘어났어요. 단둘이 읽고 썼던 것이 이제 정식적으로 녹음실도 빌렸죠. 두 명이었던 작가도 10년이 지나니 10명이 됐더라고요. 처음에는 주변인물 끌어다가 주먹구구식으로 교육했지만 시간이 지나니 스튜디오도 만들고 엔지니어도 고용하고, 그렇게 조금씩 세상에 알려지기 시작했죠. 지금은 프로 성우 분들이 봉사를 하겠다하며 재능기부 해주시는 분들도 생겼고요."
>
> 2명으로 시작된 화면해설작가는 16년이 지난 현재, 20여명의 후배 작가들을 직접 배출해냈다. 그럼에도 아직 그녀는 목마르다. 화면해설에 인생을 걸었다는 그녀, '장현정이 썼다고 하면 믿고 재밌게 볼 수 있다'란 신뢰감을 갖고 싶은 것이 그녀의 목표이자, 욕심이다.

〈에이블뉴스 / 2015년 1월〉

2000년 제1회 장애인영화제에서 〈공동경비구역 JSA〉 화면해설영화 제작을 시작으로 우리나라에 배리어프리(Barrier-Free) 화면해설의 첫 뿌리를 내린 그녀의 이야기를 다룬 감동적인 기사를 보며 도리어 안타까웠던 것은 그 속에 떠다니는 수치들 때문이다. 정리하면 아래와 같다.

```
2000년 : 화면해설작가  2명
2010년 : 화면해설작가  10명
2015년 : 화면해설작가  20여 명
```

그녀 스스로 '나 자체가 화면해설'이라고 소개했듯이 그녀의 역사는 곧 우리나라 배리어프리 화면해설의 역사다. 그리고 그녀의 주요 활동공간이었던 한국시각장애인연합회 미디어접근센터가 우리나라에서 배리어프리영상 분야를 이끌고 있는 핵심 기관이다. 서울을 제외하고 배리어프리 활동이 진행된 지역은 거의 부산이 유일하다. 2015년 현재 부산지역의 화면해설작가는 18명이다. 서울, 부산 외 타지역의 자생적 활동을 감안하더라도 배리어프리 화면해설 제작의 코어 인력인 화면해설작가가 전국적으로 50명이 채 되지 않는다는 결론이다. 방송·영화는 물론 웹 영역까지 법적·제도적으로 확대되고 있는 상황에서 심각한 현실이 아닐 수 없다.

전 사회적으로 배리어프리 화면해설작가 인력 양성이 시급한 이유가 여기에 있다. 질적인 부분을 차치하고 일단 양적 확대를 위한 시스템부터 고민해야 된다는 일각의 주장이 전혀 근거 없어 보이진 않는다.

내친 김에 또 하나의 키워드를 검색해 보았다. ―'화면해설작가'

한국직업사전
화면해설방송작가

개요	시각장애인이 영상물을 이용할 수 있도록 영상물 내용 중에 소리 없이 화면으로만 진행되는 부분(배경, 행동, 표정, 자막, 그래픽 등)을 시각적으로 설명하는 대본을 작성한다.
숙련기간	1개월 초과 ~ 3개월 이하
직무기능(자료)	비교
직무기능(사람)	관련없음
직무기능(사물)	단순작업
육체활동	손사용 말함 청취함 시각
작업장소	실내
고용직업분류	0811 작가 및 관련 전문가
표준직업분류	2811 작가 및 관련 전문가
표준산업분류	591 영화, 비디오물, 방송프로그램 제작 및 배급업
조사연도	2012년

"시각장애인이 영상물을 이용할 수 있도록 영상을 내용 중에 소리 없이 화면으로만 진행되는 부분(배경, 행동, 표정, 자막, 그래픽 등)을 시각적으로 설명하는 대본을 작성한다."는 즉시적인 설명은 좋다. 그러나 숙련기간 '1개월 초과~3개월 이하', 직무기능 '단순작업' 등의 정리 내용을 보면 눈이 아린다.

참고로 동 자료에서 비슷한 역량이 필요한 직업군들을 검색해 보았다. 방송작가는 숙련기간 '4년 초과~10년 이하', 구성작가는 숙련기간 '2년 초과~4년 이하'로 등재되어 있었다. '갈 길이 멀다.'

화면해설 글쓰기란?

1. 영상으로 만들어질 글을 쓴다. 예)시나리오, 드라마 대본 등
    영상 구성 요소: 인물(대사/ 셔레이드/ 행동)
    장면(묘사·정경, 성격심리, 자막, 해설/ 전환)
    → 스토리 전개 시각화

2. 완성된 영상을 보고 글을 쓴다.
    -타임체크(정해진 시간)
    → 영상에 드러난 정보 제공/
    드러나지 않은 정보나 의미를 제공해서는 안 됨.

화면해설작가는 영상의 내용과 이야깃거리의 상황을 글로 표현해서 관객이 영상으로 그려낼 수 있도록 해야 한다. 관객에게 감상의 몫을 넘겨주려면 시각장애인들이 영상(영화, 방송 등)을 잘 감상하도록 필요한 화면 정보를 최대한 객관적으로 전달해야 한다. 정리하면 화면해설작가는 시나리오, 드라마 대본을 쓸 때처럼 영상에서 전하는 스토리 전개와 영상(화면)을 구체적으로 상상할 수 있도록 글을 써야 하고, 그 글은 무음(소리가 없는 공간)시간에

맞게 글을 써야 한다.

 화면해설 작업의 또 다른 중요한 원칙은 주어진 시간에 맞게 글을 써야 한다는 것이다.

 소리(대사, 현장음 등)를 제외한 공간에 내레이션 시간을 확보하는 〈타임체크〉 작업이 중요한 이유다. 이 과정에서 작가들은 무음의 공간이 몇 초가 되는지, 그 부분을 정확하게 재고 난 후, 시간에 맞추어 그 장면에 들어갈 화면 정보를 정리해서 원고를 작성한다.

 영상을 시각화한다는 것은 무엇을 의미하는가?

 글로 표현 되어지는 문학 작품에 그 답이 있다고 해도 과언이 아니다.

 문학과 영상의 차이점을 비교하면, 문학은 글자로, 영상은 그림으로 묘사된다는 것이다.

 가끔 글로 형상화된 문학 작품을 영화나 TV드라마로 영상화하는 경우가 있다. 이 과정은 곧 관념을 구체화·시각화하는 작업이다.

 화면해설을 하기 위해서는 시나리오에 대한 이해가 필요하다.

 시나리오의 출발은 좋은 스토리이다. 관객이 감정이입을 할 수 있는 '누군가'에 대한 스토리이다. 그 누군가는 어떤 일을 하려고 대단히 노력한다.

 영상 시나리오가 연극의 희곡과 다른 점은 이야기가 '프레임' 즉 움직이거나 고정된 카메라의 앵글 안에서 이루어진다는 것이다. 희곡의 지문의 경우, 관객은 무대 위의 모든 상황을 한 눈에 관찰할 수 있다. 희곡 작가는 누구는 무엇을 하고 누구는 어떤 행동을 한다는 것을 뭉뚱그려 하나의 지문으로 표현할 수 있겠지만, 시나리오에서는 카메라의 앵글에 잡힌 것만을 이야기해야 하고 관객은 이것만을 따라 감상할 수 있다.

문학의 고전으로 꼽히는 〈바람과 함께 사라지다〉는 영화로 만들어지면서 원작과는 또 다른 감동을 주었다. 첫사랑에 대한 집요한 미련 속에서 야성과 정열을 불태우며 남북 전쟁의 바람 속을 헤쳐 나가는 스칼렛 오하라(비비안 리)의 파란만장한 일대기가 기둥 줄거리다. 남편의 전사, 애인 에슐리(레슬리 하워드)의 부상 등으로 실의에 빠졌던 스칼렛은 레트 버틀러(클라크 케이블)와의 결혼으로 잠시 행복을 누리지만 운명의 장난은 거기서 끝나지 않는다. 사랑하는 딸이 말에서 떨어져 죽고, 친구 멜라니마저 병사한다. 끝내 레트 버틀러마저 그녀의 곁을 떠나고…. 좌절을 모르는 정열의 화신 스칼렛은 이제 마지막 남은 땅 타라 농장을 살리기 위해 황혼의 대지위에 우뚝 선다. 절망에 처했을 때마다 읊조리던 'tomorrow is another day'와 함께….

이 영화에서 기억에 남는 장면을 꼽으라면 엔딩 장면을 떠올리는 사람들이 많을 것이다. 붉게 타오르는 황혼을 배경으로 하여 거대한 고목나무 밑에 홀로 서 있는 스칼렛 오하라의 실루엣이 인상적이다. 고독과 좌절을 극복하려는 스칼렛의 이미지가 긴 여운으로 남는다. 인상적인 엔딩장면을 만들기 위해 감독이 많은 노력을 기울인 결과다.

영화 〈목로주점〉-르네 끌레망(감독)도 엔딩 장면이 인상적이다. 밑바닥 삶을 살아가면서도 희망을 잃지 않고 열심히 일해 온 세탁부 제르베즈였지만 사랑도 재산도 미래에 대한 희망도 모두 잃어버리고는 죽은 남편 쿠제가 늘 앉아 있던 목로주점에 그 자신이 앉아 있다.

허탈에 젖어 술을 마시는 제르베즈, 어린 딸 나나가 다가와 엄마가 마시던 술을 한 모금 마셔 본다.

인생에 대한 허무와 비애감, 여주인공에 대한 깊은 연민이 여운을 남기는 요소이다. 특히 어린 딸 나나가 어머니의 술잔을 입에 대고 마시는 모습에서 자연주의적인 비극미를 느낄 수 있다. 딸 나나의 미래에 대한 어두운 암시와 함께 말이다.

자연주의 문학의 대가 에밀 졸라의 대표적 소설로 〈목로주점〉에 이어 〈나나〉로 연결되는데 나나는 후에 고급 창녀가 된다. 자연주의 문학에서 다분히 숙명적이고 운명론적인 비극은 좋은 재료가 된다. 어머니의 술잔을 딸이 마시는 영상은 바로 그런 맥락에서 다분히 유전적인 비극, 운명론적 비극을 암시하고 있다고 할 수 있다.

묘사란 '그린다'는 뜻으로 회화용어다. 어떤 사물이나 상황을 그림 그리듯 그대로 그려냄을 가리킨다. 역사나 학술처럼 끌어가는 것은 기술이지 묘사는 아니다. 실경, 실황을 보여 독자로 하여금 그 경지에 스스로 들고 분위기까지 스스로 맛보게 하기 위한 표현이 묘사다.

아름다운 풍경을 보고 "아름답구나!" 하는 것은 주관적인 심리이다. 주관적인 심리의 표현인 "아름답구나!"라는 단어만으로는 관객이 풍경에 대한 아름다움을 느끼지 못한다. 관객이 아름답다는 감정을 느낄 수 있도록 하기 위해서는 풍경의 아름다움이 즉 하늘, 구름, 강, 나무, 돌 등 풍경의 재료를 풍경대로 조합해서 문장으로 표현해 주어야 관객도 비로소 작가와 동일한 감정으로 '아름답구나!' 하는 심리에 이를 수 있다. 이렇게 제재의 현상을 문장으로 재현시키는 것이 묘사다.

그렇다면 어디서부터 묘사에 대한 글쓰기를 시작할 것인가?

문학에서 사용되는 글, 특히 인물, 배경에 대한 묘사를 통해서 시각화하는 방법을 유추할 수 있다.

묘사를 할 때 다음 세 가지를 원칙으로 삼아야 한다.

① 객관적일 것.

② 정연할 것. 시간상으로 공간상으로 순서가 있어야 전체를 바라보는 인상

이 선명해진다.

③ 사진기와는 달라야 할 것. 대상의 요점과 특색을 가려야 하고, 불필요한 것은 버려야 한다.

〈2013년 부산국제영화제 '족구왕'〉 (화면해설 작가: 000)

1. 연병장

00:14 (헬기) 맑은 하늘 위로 <u>군사용 헬기</u> 여러 대가 날아간다.

젊은 사내들이 <u>군화발</u>로 흙먼지를 풀풀 날리면서/ <u>연병장</u>을 이리저리 뛰어다니고(며 족구를 한다) <del>있다</del>. 사내들은 스포츠머리에, <u>군용</u> 러닝셔츠와 <u>군복</u> 바지를 입은 <u>군인들</u>이다(고 있다).

군인들   간다! 화이팅!!

00:34 그들은 족구를 하고 있다. 사내들은 땀범벅이 된 채 함박웃음을 지으면서 연병장을 뛰어다닌다. 후임병이 받아 차서 올려준 공을/ 수더분한 인상의 만섭이/ 발등으로 세게 후려차서 네트 너머로 보낸다. (탁!)

만섭팀   우와!!!

00:49 (바로) 이때 군인(이) 하나가 달려온다.

이병   홍만섭 병장니임~~!

〈KBS 월화드라마 '총리와 나' 제1회〉

1.　　　　　오프닝 몽타주　(총리 공관 - 낮)

화려한 샹들리에가 환하게 밝혀져 있는 연회장에서/ 만찬이 준비되고 있다.
흰테이블보가 씌워진 원형탁자마다에는/ 스테이크정식들이 세팅되고/
자리마다에는 초청객들의 이름표가 놓인다.
와인잔과 물잔으로 세팅이 마무리된 탁자위에/
'국무총리 초청 만찬'식순이 놓인다.

(외부) 그 무렵 총리공관 앞에는/
태극기와 각국의 국기를 매단 외교사절들의 차량들이/ 줄지어 도착한다.

인호　　　　국무총리 초청 만찬에 와주신 국내외 귀빈 여러분께 감사드립니다. (영어 통역이 빠르게 따라 말한다) 대한민국 제 45대 국무총리, 권율 총리님께서 나오십니다.

(영어 통역이 미스터 권율 하면 바로)
권율이 만찬회장으로 들어와 정중히 인사한다.
이목구비가 반듯하면서도 시원시원한 40대 남성이다.

인호　　　　그리고... 총리부인 남다정 여사이십니다.

(영어 통역이 플리즈 웰컴 하면)
화사한 진분홍색 원피스를 우아하게 차려입은 다정이/ 들어와 인사한다.
날씬한 몸매에 눈빛이 맑고 미소가 어여쁜/ 20대 후반의 여성이다.
다정이/ 권율의 손을 잡고/ 귀빈들의 박수를 받으며 단상으로 올라간다.

그리고 취재진들의 카메라플래시 속에서/ 귀빈들에게 고개숙여 인사한다.

다정(N)   온 국민이 사랑하는 청렴하고 강직한 국무총리, 나의 남편 권율.

사랑스러운 눈길로 서로를 마주보던 권율과 다정의 표정이/ 싸늘해진다.
다정이 자신을 흘겨보는 권율을/ 똑같은 눈빛으로 쏘아보며 상상에 빠진다.
다정과 권율은 일대 접전을 펼치고 있다.
마치 중국무협영화에 나오는 고수들처럼 맨손으로 무술실력을 겨루는 중이다. 서로를 마치 원수처럼 노려보며 현란한 무예솜씨로 공격과 방어를 반복하던 권율이/ 다정에게 표창을 던진다.

다정(N)   나에게만큼은 너무나 잔인하고!
          참으로 포악하며! 끔찍할만큼 냉혹했던 이 남자!!

다정이 상상에서 빠져나오며 진저리를 치듯 고개를 흔든다.

다정(N)   이 남자와의 말도 안되는 계약결혼의 시작은...

자막 두달전/

여자   너무 이뻐요! 싸인좀 해주세요.

다정이 한 고급 한정식집에서/ 여자연예인을 훔쳐보고 있다.
종업원으로 위장한 다정은/ 뚜껑덮는 접시에 숨겨왔던 카메라를 꺼내든다.

1) 인물 묘사

시나리오에는 다양한 사건과 갈등이 존재하지만 통일성을 위해 목표가 하나여야 한다. 갈등을 위한 장애물, 주인공과 그가 하고자 하는 일은 동격이어야 한다.

시나리오에는 다양한 사건과 갈등이 존재하지만, 주된 갈등을 일으키는 것은 하나이다. **사건은 주인공에게 주어지는 것보다는 주인공을 일으키도록 하는 것이 효과적이다.** 주인공을 **특정한 목적의식을 가지고 행동하고 어떤 모티브가 주어졌을 때 이것을 행동으로 옮긴다.** 이럴 경우 캐릭터라이징이 **보다 분명해져야 한다.** 인물설정을 어떻게 했느냐에 따라 사건 전개가 달라진다.

모든 스토리에는 아무리 하찮은 것일지라도 나름대로의 주제(작가가 말하고자 하는 것)가 있다. 특히 중심 캐릭터가 기준이 되어 시간과 공간적 배경이 통일성을 이룬다. 간혹 장면전환 기법으로 가변적이 될 수 있다. 행동의 통일성은 인물에 의해 지켜진다고 할 수 있다. **명확한 인물설정**이 되어 있을 경우 통일성이 지켜진다.

☞ **플래시백**은 현재에서 과거 회상씬으로 넘어갈 때 사용되는 기법이다. 현실에서 어떤 말이나 상황을 보면 과거에 자신이 경험했던 충격적 기억이 번쩍이며 떠오르곤 한다. 마치 플래시가 터질 때처럼 번쩍이며 과거의 회상으로 들어간다. 커트백과 다른 점은 과거의 회상에 더 효과적이고 말 그대로 Flash처럼 번쩍이는 시각적 음향적 효과를 주는 것이다.

☞ **커트백**은 하나의 사건에 관련된 각기 다른 장면을 교차적으로 보여줌으로서 시간에 따른 갈등을 분배하는 작업이다. 플래시백과 커트백은 카메

라 기법인 동시에 시나리오 기법에 속한다. 씬 내부에서 시간의 흐름은 현재형 즉, 실제의 시간관념과 동일해야 한다. 시간의 비약은 씬과 씬 사이에서 이루어진다. 예를 들어 공각기동대에 있어서 액션장면에서 S#상공 헬기의 교신, S#지상 바리게이트, S#본부 통제상황 등을 번갈아 보여주는 것도 일종의 커트백(정확히 말해서는 '**교차편집**')이라고 할 수 있다. 커트백은 이렇게 ① 인서트를 활용하는 것과 과정을 ② 생략하는 방법 두 가지가 있다.

〈인물〉은 인물 그 자체의 자기 표현이 있다. 나무처럼 산처럼 부동의 대상이 아니라 쉴 새 없이 표정이 있고 말이 있고 행동이 있고, 그런 모든 것을 통해서 감정과 의지가 늘 표현되고 있다. 그러니까 우선 이런 표정, 말, 행동의 기축인 외모에서 특징을 찾는데 관점을 둔 세밀한 조사가 필요하다.

-소설

  C여학교에서 교원겸 기숙사 사감 노릇을 하는 B여사라면 딱장대요 독신주의자요 찰진 야소군(기독교인: 필자주)으로 유명하다. 사십에 가까운 노처녀인 그는 주근깨 투성이의 얼굴이 처녀다운 맘이란 약에 쓰려도 찾을 수 없다. 뿐인가, 시들고 거칠고 마르고 누렇게 뜬 폼이 곰팡 슬은 굴비를 생각나게 한다.
  여러 겹 주름이 잡힌 홀렁 벗겨진 이마라든지, 숱이 적어서 법대로 쪽지거나 틀어 올리지 못하고 엉성하게 그냥 빗어 넘긴 머리꼬리가 뒤통수에 염소똥 만하게 붙은 것이라든지, 벌써 늙어가는 자취를 감출 길이 없었다. 뾰족한 입을 앙다물고 돋보기 너머로 쌀쌀한 눈이 노릴 때엔 기숙생들이 오싹하고 몸서리를 칠만큼 엄격하고 매서웠다.

→ 주인공 정보 - 교원겸 기숙사 사감, 독신주의자, 기독교인,
　　　　　　　나이(사십에 가까움)
외형 - 주근깨투성이, 마르고, 얼굴이 누렇게 뜸, 주름잡히고 벗겨진 이마
　　　숱이 적어 엉성하게 빗어 넘긴 머리꼬리,
성격 - 뾰족한 입, 쌀쌀한 눈, 엄격, 매서움

-영화 시나리오

#메인 타이틀
#기숙사 정문
　정문 기둥에 붙어 있는 '제일고등보통여학교 기숙사'라는 현판...
　B사감이 들어선다. 정문을 열고 들어간다.
#기숙사 마당, 수위실
　들어서는 B사감.
　수위실 밖에 의자를 내 놓고 소설을 읽고 있던 수위 영감이 벌떡 일어
　서며

수위 인제 오십니까, 수고하셨습니다.
사감 학생들은 다 들어왔나요?
수위 예
사감 그럼 문을 잠궈 버리세요
수위 예에(문을 잠그려는데)
사감 편지 온 거 있어요?
수위 예에

수위, 수위실 창문을 열고 편지 한 통을 사감에게 내민다.

사감, 그것을 받고 앞뒤를 본다. 표정이 약간 일그러지며 입술이 잔인하게 다물어진다.

사감, 안으로 들어가려다 멈칫, 돌아서서 정문을 잠그고 있는 수위에게

사감 그게 무슨 책이죠?
수위 아무것도 아닙니다.
사감 (손을 내밀며)봅시다
수위 (할 수 없이 준다)
사감 (받아서 제목을 보더니) 소설 책이군요
수위 예, 그냥 심심풀이로
사감 O.L소설이란 허무맹랑한 거짓 얘기로 사람들의 마음속에 사악스러운 욕망을 불러일으키는 악마의 목소리예요. 이책 어디서 났죠?
수위 저어, 헌 책 빌려주는 가게에서...
사감 O.L(책을 내밀며)당장 반납하세요. 그리구 열심히 성경만 읽도록 하세요
수위 예

영화 〈광해〉(2012, 감독 추창민) 中 첫 부분을 살펴보자.

[광해군 8년 역모의 소문이 흉흉하니.. 임금께서 은밀히 이르다. 닮은 자를 구하라 해가 저물면 편전에 머물게 할 것이다. 숨겨야 할 일들은 조보에 남기지 마라. 광해군 일기 2월28일]

영화의 첫 부분이 시작된다.

#왕의 아침 단장

1. 장소-옷방..커다란
2. 시간-아침.....햇살이 부서져 들어오고 있다..
3. 인물-광해(왕)가 의자에 비스듬히 기대어 앉아 있다.
   (햇살을 등지고)호랑이의 형상같이 누워서
   궁녀들
4. 행위-① 종지에 기름을 붓고 참빗에 바르고 머리를 빗어올린다-상투를 들어올린다. / 옆머리를 귀 위에 고정시킨다.
   ② 수염을 다듬는다. / 손톱다듬고 옷 입고. 다림질을 하고 있다.
   ③ 왕 주변에 궁녀들이 모두 머리를 조아린 채 엎드리고 있고 한 궁녀가 서서 왕에게 향합을 코밑에 가져간다.
   ④ 단장을 마치고 궁녀들이 모두 뒷걸음질치며 물러난다.
   ⑤ 화면 가득 왕의 모습만 보인다. / 화난 모습. / 근엄한 모습.

영화 〈광해〉 화면해설편을 보면 다음과 같이 설명되어 있다.

#왕의 아침 단장 -화면해설

햇살이 부서져 들어오는 커다란 옷방으로 궁녀들이 줄을 지어 들어선다.

방 한가운데 햇살을 등지고 왕 광해가 앉아 있다.

조용하고 신중하게 왕의 아침 단장을 돕는 궁녀들
종지에 따른 기름을 참빗에 묻혀 왕의 머리를 빗어올려 상투를 튼다.

상투를 트는 사이사이 향로로 곤룡포를 훈중하는 궁녀의 손길이 보인다.
또 다른 궁녀들은 가위로 수염을 가지런히 다듬고
향합을 왕의 코밑에 가져간다.
광해가 미간을 살짝 찌푸린다.
꿀물을 손과 손톱 사이사이에 바른 후 하얀천으로 닦아내 정돈한다

아침 단장을 마친 궁녀들이 조용히 일어나 허리를 굽혀 인사하고 뒷걸음으로 물러난다.

단장을 마친 광해가 긴 좌상 위에 한쪽 다리를 세우고 비스듬히 앉아
무표정하지만 근엄한 얼굴로 정면을 응시한다.
그런 광해의 모습 뒤로 햇살이 비춰들고 타이틀이 뜬다.
광해, 왕이 된 남자

① 외양 묘사
-남녀노소
-키 크고 작은 것
-살찌고 야윈 것
-이마가 넓고 좁은 것
-얼굴빛이 희고 검은 것
-눈이 크고 작고 맑고 어둡고 두리두리하고 안존한 것

- 입술의 얇고 두터운 것
- 앉음앉이 걸음걸이 등

영화〈시〉(2010, 감독 이창동)

NA	03:42	8초	(화면 밝아지기 시작하면) 화면 점점 밝아진다. (1초 후) 자막. 각본, 감독 이창동 (1초 후) 낮은 건물들이 빼곡히 자리한 소도시 사이로 강이 흐르고, 강을 가로질러 다리가 놓여 있다.
NA	3:50	5초	텔레비전 화면 속에 아이를 안은 아랍계 여자가 울고 있다. 텔레비전 자막 "아직도 내 아들이 살아 있는 것 같다. 아직도..."
대사	03:55		아나운서 : 현재 팔레스타인 인구의 ~
	03:57	30초	(순서 알리는 벨소리 들리면) 병원 대기실에서 사람들이 텔레비전을 보고 앉아 있다. 그 가운데 하얀 모자를 쓴 미자도 있다. (휴대폰 소리 들리면) 휴대폰 소리에 깜짝 놀란 미자가 허겁지겁 가방을 뒤진다. 사람들의 시선을 받으며 휴대폰을 겨우 찾아드는데, 뒷자리에 앉아 있던 여자가 전화를 받는다. (여자 : "여보세요")

		미자는 잠시 당황하다 이내 옆의 여자를 보며 해맑게 웃는다. 하지만 여자는 무표정하게 고개를 돌린다.
대사	04:26 ~28	12. -양미자님 -네
대사		13. 이쪽으로 오세요
NA	4:30	15초	화사한 꽃무늬 상의에 흰 레이스 스카프를 하고 왕골 가방을 든 미자가 간호사를 따라 진찰실로 들어간다. 의사 앞에 앉으며 고개를 숙여 인사 한다.

영화 〈시〉에서 주인공 미자(윤정희 역)는 고운 외모에, 소녀같이 감수성이 풍부한 60대 할머니다. 중소 도시에 사는 미자가 처음 등장하는 장면에서 '화사한 꽃무늬 상의에 흰 레이스 스카프를 하고 왕골가방을 들고 있다는 장면을 설명해 줘야 관객들이 멋쟁이 미자의 외모를 상상할 수 있다. 이처럼 인물의 외양이 성격과 유기적인 인과를 갖고 있는 경우가 많다. 따라서 놓치지 말고 묘사해야 한다.

기타 옷모양, 취미, 교양, 직업 등도 그 인물을 성격적으로 드러내는데 필요한 정보가 된다.

장면에 드러나는 언행과 사건을 써 나가는 속에서 인물의 성격적인 것을 하나하나씩 가볍게 터치해 주면서 관객이 자연스럽게 조금씩 그 인물을 파악하도록 해야 가장 자연스럽다.

② 셔레이드

내적갈등을 외면화하는 작업은 대부분 **행동의 지문**이다. 즉 배우의 표정이나 동작을 통하여 인물의 성격, 심리, 인물이 처한 상황, 배경 속에 숨겨진 뜻 등을 정확하게 표현해 내는 기법을 '셔레이드'라고 한다.

셔레이드(Charade)란, 사전적 의미로는 '제스츄어'이다. 인물 배경 상황 등에 내포된 의미를 가장 효과적으로 표현하는 수단이라고 할 수 있다. 직접적인 표현보다 간접적이고 우회적이면서 역설적인 수단을 쓸수록 소위 '서브 텍스트(subtext : 대개 은유 내지는 상징, 역설의 작용)'의 효과가 강해져서 보다 고차원의 셔레이드라고 할 수 있다.

미워하는 사람이 아끼는 물건을 부수어 버린다든지, 사랑하는 사람이 집으로 찾아왔을 때 거울을 보고 얼굴을 가다듬은 후 현관문을 열어준다든지 하는 일상적인 동작에서도 셔레이드적 표현을 얼마든지 볼 수 있다. 셔레이드에 포함될 수 있는 요소들은 다음과 같다.

- 의상

옷, 모자, 신발 등 옷매무새는 의도적이건 비의도적이건 무엇인가를 남에게 이야기한다.

NA	00:01:43~ 00:01:56	13″	(00:01:43 장면 바뀌면) 대중탕 입구. 요금대 뒤로 중년 여성이 앉아 고개를 숙이고 수건을 개고 있다. 중학생이 요금대 창문을 두드린다. (00:01:52 두드리는 소리 듣고) 보지도 않고 수건을 내미는 여인
대사	00:01:56~ 00:01:59	3″	둘째 아들: 아, 엄마! 돈 줘. 오천 원만.
NA	00:01:59~ 00:02:07	8″	여인이 느릿느릿 요금 통에서 천 원 권 지폐와 동전을 꺼내 센다.
대사	00:02:07~ 00:02:08	1″	둘째 아들: 빨리-
NA	00:02:08~ 00:02:29	21″	돈을 받은 중학생이 뒤도 돌아보지 않고 나간다. 여인은 귀 아래 까지 오는 단발머리에 파마를 하고 빛바랜 고동색 꽃무늬 원피스를 입고 있다. 무표정하게 수건을 개는 여인. 하얀 셔츠 위에 회색 작업복을 입은 중년 남자가 말없이 요금대에 돈을 내민다. 여인도 건성으로 수건 하나를 준다.

- 얼굴과 눈, 자세(몸짓, 접촉)

얼굴 표정과 눈의 접촉은 언어 다음으로 중요한 커뮤니케이션 수단. 그러나 얼굴과 눈이 만들어내는 표정은 수없이 많고 순간적으로 변하기 때문에 얼굴과 눈을 통한 의미는 직감적으로 포착해야 한다는 어려움이 있다.

32 장애인을 위한 화면해설론

- 공간, 실내장식이나 조명, 분위기

NA	00:02:29~ 00:02:58	29″	<u>차 두 대 정도 넓이의 한적한 골목길에 위치한 대중탕.</u> 출입문에 '해수탕'이라고 적혀있다. 한 낮. 요금대 뒤에 딸린 작은 방. 오래되어 <u>말라비틀어진 꽃다발이 벽에 걸려 있다.</u> <u>여인이 한 손으로 턱을 괴고 앉아 눈을 감고 있다.</u> (00:02:53 전기 스위치 끄는 소리 듣고) 늦은 밤. **여인이 영업을 마감하고** 노래를 부르며 위층으로 간다.
NA	00:02:29~ 00:02:58	29″	차 두 대가 지나갈 정도의 한적한 골목길에 있는 (대중탕 출입문에) '해수탕'(이라고 적혀있다.) 낮. 요금대 뒤에 딸린 작은 방. 요금대 아래 <u>반쯤 열린 돈 통.</u> 한쪽 벽에는 말라비틀어진 꽃다발이 걸려 있고, <u>선풍기가 켜</u> <u>진 채</u> 회전하고 있다. 여인은 턱을 괴고 앉아 <u>졸고 있다.</u> (00:02:53) 밤, 목욕탕 전원 스위치를 차례로 끄고, 돈통에 있는 돈을 챙 긴다. 여인이 출입문을 닫고 위층으로 올라 간다.

③ 장면 묘사

장면 묘사에는 극적 분위기 조성을 위한 정경 묘사와 장면 내에서의 인물의 성격과 심리를 나타내기 위한 묘사, 그리고 앞으로 일어날 사건에 대한 예시 등을 드러내는 방법이 있다.

드라마 〈힐러〉의 첫 부분이다. 주인공인 28세 서정후는 웨어러블 스마트 기기로 무장하고, 짐승같은 촉과 무술실력으로 어떤 의뢰든 완수하는 업계 최고의 심부름꾼이다. 돈을 모아 남태평양 무인도를 구입해서 혼자 사는 것이 최종 목표였지만 채영신(인터넷신문사 썸데이 뉴스 기자)을 만나면서 또 다른 스토리가 전개된다. 드라마 전개상 첫 회 첫 장면 묘사에서 정후가 사는 공간(폐건물, 첨단 생활공간, 철재 선반에 놓여진 사진 액자-부부와 갓난아이, 다섯 젊은이)을 보여주면서, 드라마 전개상 정후의 캐릭터를 구축해 가고, 앞으로 일어날 사건에 대한 정보를 사전에 드러내고 있다. 이 드라마를 화면해설 할 경우, 이런 화면 정보를 놓쳐서는 안 된다.

〈화면해설방송 KBS 월화드라마 〈힐러〉 1회〉

1   CG + 건물 + 정후의 집

00:05 #위성카메라

위성 카메라가 켜지더니 대한민국 서울의 강북 어느 지점을 빠른 속도로 접근하며 촬영한다.

00:13 #폐건물 내부

카메라는 폐건물의 꼭대기층 창문을 통과해 넓고 어수선한 실내를 훑으며 이동한다.

미로처럼 복잡하게 이어진 실내에는 먼지가 부옇게 쌓이고 쓰레기와 건물 자재 등이 버려져 있다.

00:25 # 환풍구

카메라가 철창으로 덮인 환풍구를 지나자, 침대와 책상, 소파, 주방이 갖춰진 주거 공간이 나타난다.

철재 선반에는 할머니와 남학생, 부부와 갓난아이, 다섯 젊은이들의 모습이 담긴 사진 액자들이 진열되어 있다.

00:42 #테니스치는 정후

정후가 운동 기구들이 비치된 방에서 안경을 쓰고 테니스를 치는 중이다.

정후   당신.. 섹시한 것도 인정하는데.. 체력 좋은 것도 인정하는데..

00:52 #테니스게임

정후의 안경에는 미녀 캐릭터가 등장하는 테니스 게임이 구현되고 있다.

정후   근데 말이지.. 옷이 그게 뭐야. 너무 가렸어어.

01:00 # 공치는 정후

정후는 캐릭터가 날린 가상의 공을 치려다가 바닥을 나뒹군다.

게임 화면에는 영어로 'FAILED'라고 뜬다.

- 자연의 표현

초목

초목은 한 곳에 서 있다. 바람에 흔들리는 외에 별로 동작이 없다. 그림 같다. 초목이 가진 선의 모양, 색채를 표현해 내야 한다.

―가지가 어떻게 뻗은 것

―어떤 모양의 잎이 어떤 모양으로 드리운 것

―꽃이 있고 없는 것

―꽃이 있으면 꽃의 표정과 향기가 어떤 특색이 있는 것

―열매가 있고 없는 것

―그 나뭇가지, 꽃에 찾아오는 곤충이 있고 없는 것

동물

동물은 움직인다. 기고, 뛰고, 난다. 동작이 있으므로 습성이 있다. 외형, 동작, 습성 이 세 가지를 묘사해야 한다. 체구가 사람처럼 일정하지 않다.

천체

해가 있고, 달이 있고, 별이 있고, 광명과 암흑이 오고, 구름이 있고, 안개가 있고 무지개가 있고 바람이 있고 비와 눈과 이슬과 서리와 번개와 우레가 있다. 또 이 모든 것은 무궁한 변환을 갖는다.

사태의 표현

사태, 벌어진 일, 즉 사고, 사건, 진상, 전말, 이런 실제 상황이 글에 필요한 경우는 무한히 많다. 경미하든 중대하든 한 사태란 한 생활의 현상인 까닭이다. 그렇다고 생활이라 하면 너무 광범하다. 사태는 크든 작든 생활의 한 장면, 한 파란만장한 삶에 대한 표현, 여기엔 무엇보다 예리하게 취사선택을 해야 한다.

사태를 표현할 때는 원인과 결과가 뚜렷하게 드러나야 하며, 표현 방법은 시각적인 묘사여야 한다.

밝든 어둡든 차든 덥든 슬프든 즐겁든 '어떻게' 의식이 활동하지 않고는 그 진풍경을 표현할 수 없다. 어떻게를 알려면 감각해야 한다. 시각, 청각, 후각, 미각, 촉각 등 오감신경에 대해 민첩하고 정밀하게 관찰해야 한다. 예리한 감각에 대한 표현은 반드시 예리한 관찰을 선행조건으로 한다.

날카로운 감각으로 대상에서 무엇이고 새롭게 발견하고 뽑아내야 한다.

-석류꽃이 이쁘게 폈다-

이것은 설명이다.

-석류꽃이 불덩이처럼 이글이글한 것이 그늘진 마당을 밝히고 있었다-

이것은 감각이다. 어떻게 많이 폈는지를 보여준다. 화면해설도 마찬가지다.

ex) '남녀가 사랑을 나눈다' → 화면해설이 아니다

'여자의 입술에 남자의 입술이 살며시 포개지고 여자의 두 팔이 남자의 허리춤을 감싸듯 안은 채 쓰다듬듯 어루만진다'는 식으로 작성해야 함.

<u>* 누가 어떤 동작으로 무엇을 하는지 눈에 보이는 대로 화면을 시각적으로 그려 내주어야 한다. 그 설명을 듣고 시각장애인들은 그 상황을 이해하고 느끼게 된다.</u>

*오감에 따른 서술어[1)

문장의 주어가 되는 명사, 대명사, 수사에도 오감을 자극하는 단어가 있고, 문장의 서술어가 되는 형용사나 동사에도 오감을 자극하는 단어들이 있다. 그것들이 서로 적절하게 결합하면 평범한 문장에서 문학적 문장으로 탈바꿈한다.

---

1) 이외수(2006). 『감성사전』. 동숭동.

무너진다

흔들린다

나부낀다

넘어진다

비틀거린다

떠내려간다

*물질 명사와 오감 서술어의 결합

먹구름/휴대전화/고양이/선풍기/책/구두/백열전구/할머니

무작위로 명사들을 열거해 놓고 오감에 부합하는 서술어와 결합시켜 보자. 그리고 거기에 부합되는 장면을 떠올려 보자

떠내려간다/녹는다/도망친다/꿈틀거린다/들끓는다

2장. 화면해설의 개념

화면해설이란 시각장애인들에게 영상에 대한 이해를 높이기 위해 '**소리로 화면을 보여주는**' 것이다. 즉 화면의 이해를 돕기 위해 등장인물의 행동, 의상, 몸짓 및 기타 장면의 상황 변화 요소 등 필요한 정보를 적절한 시점에 정확한 표현으로 전달하는 작업이다.

1. 필요한 정보를 적절한 시점에 정확한 표현으로 전달한다

① 필요한 정보
영화를 제대로 이해하고 감상할 수 있는 정보
작품의 메시지, 화면에서 전달하려는 메시지, 감독의 메시지

제2회 DMC 단편영화 페스티벌에서 선보인 〈안녕 보름달〉(2015, 감독 박주연)은 감독이 모교인 만월초등학교 건물이 없어진다는 소식을 듣고 학교의 흔적을 담기 위해 이 영화를 기획했다고 한다. '시간은 흐르고 그 자리에 있던 것들은 존재하지 않았던 것처럼 사라져버린다. 사라지는 공간처럼 우리가 기억하는 시절과 그 시절의 공기도 사라질 것이다.' 감독의 기획의도이다. 제목인 〈안녕 보름달〉에서 '보름달'은 학교 이름인 〈만월초등학교〉에서 따왔다. 영화가 상영되는 7분 동안 왜 제목에서 보름달에게 안녕하는지를 관객들이 눈치 챌 수 있도록 해야 한다. 전반부는 아이들이 밝은 표정으로 뛰어다니고 노는 생기 있는 학교모습, 후반부는 세월이 흘러 낡고 지저분해진 학교 건물은 물론이고, 영화 끝부분에 화면에 비쳐지는 〈꿈과 보람

을 키우는 희망찬 만월교육〉이라는 교훈은 반드시 해설해주어야 한다.

해설할 공간이 많지 않아 여러모로 화면해설이 어려운 작품이지만 감독이 영화를 통해서 전하고자 하는 주요한 메시지, 즉 제목과 연출의도는 전달해야 한다.

단편영화 〈안녕 보름달〉(2015, 감독 박주연)

NA	01:29:59	15	아이들의 웃음소리가 희미해지고 불꽃도 하나하나 사라져간다. 마지막 불꽃이 원을 그리며 움직이다가 이내 사라져버린다. 암흑이다.
NA	01:30:14	11	이전 화면과 달리 깨끗하고 선명한 고화질 화면이 나타난다. 파랗고 맑은 하늘에 하얀 구름이 정지한 듯 천천히 지나가고 있다.
NA	01:30:25	7	낮, 학교 건물 앞에 모자상이 있다. 석상은 오래되어 때가 타고 색이 바랬다.
NA	01:30:32	6	운동장 가 스탠드 계단. 계단은 낡았고, 페인트가 벗겨져 지저분하다.
NA	01:30:38	9	우뚝 서있는 초등학교 건물, **정면에〈꿈과 보람을 키우는 희망찬 만월교육〉이라는 교훈이 그대로 붙어 있고**, 학교 뒤로 고층 아파트가 에워싸듯 서 있다.
NA	01:30:47	8	아이들이 놀던 나무 그늘밑 모래밭에는 낙엽만 떨어져있다.
NA	01:30:55	9	일렬로 늘어선 철봉에도 아무도 없다.

			텅 빈 운동장.
NA	01:31:04	8	아이들이 공차기를 하며 놀던 학교 뒤편에는 그늘이 져 있다.
NA	01:31:12	10	쉼터에는 줄지어 늘어선 벤치만 덩그러니 있다.
NA	01:31:22	8	아이들이 없는 정글짐. (쉬었다) 적막하다.
NA	01:31:30	8	검은 화면이 나타난다. 영화 〈안녕, 보름달〉 끝.

② 적절한 때

음향, 대사에 맞게 리듬을 맞추는 정확한 시점을 말한다.

영화 전체 구조를 정확하게 파악한 상황에서 화면에서 소리가 나타나는 시점과 적절하게 조화를 이루게 해야 한다.

상황에 따라 긴장감을 유발하기 위해 영화 정보를 주는 시점이 중요하다.

ex) 총을 꺼내들었다 / 빵 (총소리) 총을 꺼내들었다. 그리고 총을 쏘았다/ 빵

영화 〈끝까지 간다〉(2013, 감독 김성훈)

	00:10:24		철컥 (캐비닛 열리는 소리)
NA	00:10:26	7	서부 경찰서 강력반. 감찰원이 캐비닛을 열어 서류 뭉치들을 꺼내 모은다. 경찰서 한 쪽에 형사 세 명이 우두커니 서 있다.
	00:10:33		최형사: 한솥밥 먹는 사인데 같은 경찰끼리 너무 하는 거 아니냐고.
NA	00:11:03	2	감찰원이 건수의 책상서랍 <u>자물쇠를 망치로 내리친다.</u>

③ 정확한 표현

메시지 전달을 위한 요소들, 대사, 동작, 배경, 소도구를 전달

-있는 듯 없는 듯 영화에 녹아서 들었을 때 가장 편안한 문장

ex) 긴장

여자가 흠칫 놀란다.

여자의 얼굴이 얼음처럼 굳었다, 손이 파르르 떨렸다.

* 어떤 동작으로 무엇을 하는가 설명하는 것이지 결론을 내는 것이 아니다.

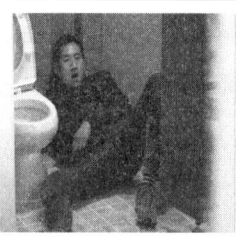

	1:01:55	나랑 대화 할 때는 이렇게 하는거야 응?
	1:02:02	건수를 놔주며 뺨을 툭툭 치는 창민. 문을 열고 나간다. 변기물이 자신의 손에 묻은 것이 기분 나쁜 창민 세면대에서 다시 깨끗이 손을 씻는다
	1:02:14	그리고 오늘 밤 이광민 준비해요
	1:02:18	창민은 종이타월로 손을 닦고 옷 매무새를 고친다.
	1:02:23	하.. 전화할게요
	1:02:26	창민이 밖으로 나간다. 건수는 변기 옆에 널부러져 있다. 완전한 패배자의 모습이다.

대사	01:01:55	4″	창민 : 나랑 대화할 때는 이렇게 하는 거야 응!
NA	01:02:02	1″	(톡톡)창민이 건수의 뺨을 툭툭 친다.
대사	01:02:03	3″	창민 : 흐씨
소리	01:02:06	1″	문소리 타당
NA	01:02:07	3	창민이 칸막이 문을 열고 세면대로 간다
NA	01:02:10	4	(물소리) 창민이 (찝찝한듯) 변기물 묻은 것이 찝찝해 손을 씻는다.
대사	01:02:14	3″	창민 : 그리고 오늘 밤 이광민 준비해요.
NA	01:02:19	5″	창민이 종이타월로 손을 닦고 거울을 보며 매무새를 가다듬는다.
대사	01:02:22	2″	창민 : 허, 전화 할게요.
NA	01:02:24	3″	창민이 화장실 밖으로 나간다.
소리	01:02:27	1	(화장실 문 닫히는 소리)
NA	01:02:28	3	칸막이 안, 바닥에 널브러져있던 건수가 발버둥친다.
NA	01:02:31	2″	화가 치밀어 오르는 건수
대사	01:02:33	1	건수 : 으아~ 씨
NA	01:02:34	2	건수가 절규한다.

2. 객관적이어야 한다

화면해설 작업은 영상을 단순히 언어적으로 풀어쓰는 작업에 그치는 것이 아니다. 다음과 같은 **객관성 기준**[2])**에 부합**해야 한다.

객관성 기준의 경우, 첫째, **개인적 감정을 개입시키지 않고 객관적인 방법**으로 그러나 감정들을 불러일으킬 수 있는 방식으로 제작한다.

---

2) '객관성'에 대한 제도적 기초를 마련한 나라는 2008년 12월 10일 공표된 프랑스의 화면해설 방송 헌장(la Charte de l'audio description)이다. 이 헌장은 객관성의 기준, 이용자 존중, 윤리적 기준, 서술 방법 등을 명시하고 있다. 방송통신위원회(2009). 장애인방송제작물 제작 편성 확대를 위한 정책연구.

NA	02:41	1	(빠르게)도로 중앙선에 흰 강아지가 서 있다.
	02:42	1	(소리 : 경적음 빵빵)
	02:47	7	건수는 경적소리에도 꼼짝하지 않는 흰 강아지를 피한 후 왼쪽 사이드 미러로 강아지의 생존을 확인하곤 잔뜩 짜증이다.
대사	02:48	1	고건수 : 아 저.개 새끼..미쳤나..진짜...
소리	02:52	4	(소리 : 차 소리)
대사	02:53	1	고건수 : 아..악....
NA	02:55	3	차량 앞 유리가 뭔가에 부딪혀 깨지고 당황한 건수는 급브레이크를 밟는다. 차량은 중앙선을 회전하며 침범한 뒤 급정거한다. 대시보드에 놓인 딸과 건수가 찍은 사진이 심하게 흔들린다.
NA	03:04	6	차안. 죽었다 살아난 듯이 놀란 건수는 차 앞 유리창에 금이 간 것을 확인하고 시선을 창밖으로 돌려 멀리 전봇대 옆에 쓰러진 사람을 발견한다.

둘째, **기본 정보**(사람, 장소, 시간, 행동)를 반드시 포함해야 하며, 그 내용을 **명확히** 전달한다.

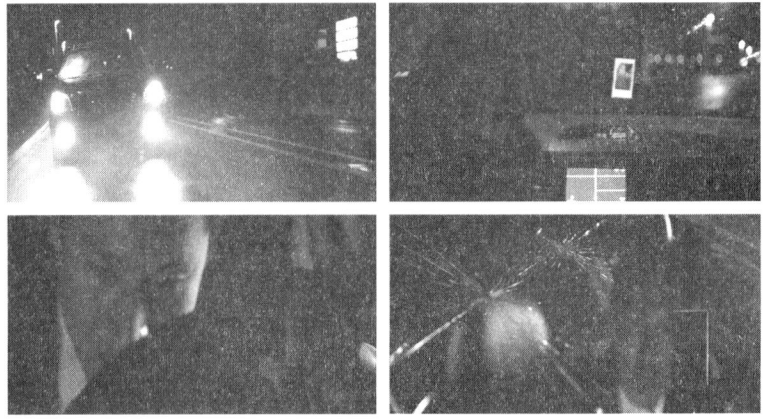

드라마 〈다르게 운다〉(2014, 연출 이웅복)

구분	시간	간격	대사 / 화면해설
NA	00:00:01	6	이 프로그램은 미래창조과학부의 방송프로그램 제작지원 사업을 통해 제작 되었습니다.
NA	00:00:07	5	2013 KBS 극본공모 최우수 당선작
대사	00:00:12		지혜: 여기다가 C를 대입하고
NA	00:00:14	14	(대사 듣고 바로) 여고생 지혜의 방, 6월 저녁. 한 쪽 벽에 영어 경시 대회 상장이 걸려있다. 그 옆에 영국 록밴드 오아시스의 포스터가 가득 붙어있다. 벽에 정면으로 놓인 책상 앞에 앉아 지혜가 수학문제를 풀고 있다.
대사	00:00:28		맴 맴 맴~~~ (매미소리)
대사	00:00:34		지혜: 하아~ (한숨소리)
NA	00:00:35	3	열린 창밖을 쳐다보고 한숨 쉬는 지혜.
대사	00:00:38		지혜: 여기에 코사인 넣고
NA	00:00:40	12	지혜가 공부를 하다가 갑자기 멈춘다. 인상을 찌푸리더니 벌떡 일어나는 지혜. 매미소리가 들리는 창밖으로 얼굴을 내밀고 소리친다.
대사	00:00:52		지혜: 아 조용히 좀 해, 조용!
NA	00:00:58	8	다시 자리에 앉는 지혜. 흡족한 미소를 지으며 다시 공부를 시작한다.
대사	00:01:05		지혜: 자~ 그러니까
대사	00:01:11		부릉 부릉 부릉 (오토바이 소리)
대사	00:01:15		엄마: 류지한, 안서? 이 노무 새끼가 또! 야, 안서!
NA	00:01:22	3	대문 밖으로 엄마와 오빠의 실랑이 소리가 들린다.
대사	00:01:25		지혜: C 대입 여기에 코사인 A값
대사	00:01:29		맴 맴 맴~~~ (매미소리)
NA	00:01:33	8	또 다시 공부를 멈추고 인상을 쓰는 지혜.

00:00 ~ 00:02	2	액자에 대상이라고 보이는 상장이 벽에 걸려 있다.
00:02 ~ 00:07	5	"여기에다 C를 대입하고 그리고 코사인A.."
00:07 ~ 00:10	3	벽면에 가수 오아시스의 포스터가 잔뜩 붙어있고 지혜가 책상에서 공부를 하고 있다.
00:11 ~00:12	1	"코사인 A?"
00:12 ~00:15	3	책장에는 책들이 꼽혀 있고 지혜는 스탠드를 켜두고 늦게까지(?) 공부중이다.
00:15 ~ 00:22	7	창밖에서 들리는 매미소리 그 매미소리가 거슬리는지 지혜가 창밖을 쳐다 본다.
00:22 ~ 00:23	1	지혜 머리를 팔에 기댄다.
00:24 ~ 00:25	1	"하,,"
00:26 ~ 00:27	1	지혜는 다시 공부를 하려고 한다.
00:28 ~ 00:30	2	"이게 코사인이고"
00:31 ~ 00:40	9	매미 울음 소리가 들리고 인상을 쓰는 지혜

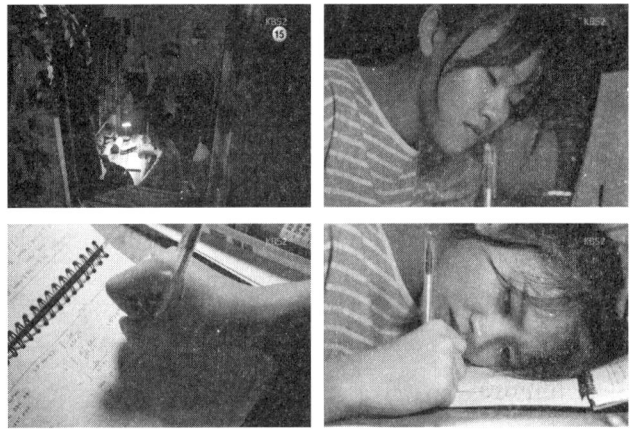

대사	00:01:41		맴 맴 맴~~~ (매미소리가 더 크게 들린다)
NA	00:01:45	15	입술을 깨무는 지혜. 손에 쥐고 있던 볼펜에 힘을 주어 아래로 쭉 그어 내린다. 눈동자에 살짝 눈물이 맺힌다. -)더 이상 참을 수 없는 아이는 세게 잡은 펜으로 공책에 줄을 그으며 금방이라도 울 것만 같은 얼굴로 책상에 머리를 기대어 수 차례 박는다.
대사	00:02:00		쿵 쿵 쿵 (머리 박는 소리) 하아~ (한숨)
NA	00:02:15	3	지혜가 책상에 머리를 박고 한숨을 내쉰다.
NA	00:02:18	4	책상에 얼굴을 갖다 댄 채 엎드려 있는 지혜의 모습이 그림으로 바뀐다.

셋째, 화면해설자는 이미지를 자의적으로 해석해서는 안 되며, 오직 **영상 (이미지)에 대한** 객관적 묘사만을 해야 한다.
<u>즉 정보나 스토리의 전개를 주관적으로 재구성해서는 안된다.</u>

〈갈망아지〉(2012, 감독 코롤도즈 초이주반지그, 몽골) 부산국제영화제 상영작품

주인공 소년 갈트가 갈망아지를 데리고 집을 떠나 나담축제가 펼쳐지는 경주장으로 가는 장면이다.

01:04:55 F.O.〉〉F.I. 말타고 감
        드디어 경기장으로 향하는 갈망아지와 갈트, 바담과 토모르도
        모두 함께 말을 타고 나란히 목장을 나선다.

01:05:09
       바담   *사자바위 옆으로 가자*

<u>01:05:16</u>   DIS
        나담축제의 말 경주장. 차들과 말들 섞여 다닌다.
        <u>**나담축제는 몽골의 사회주의혁명을 기념하기 위해 매년 7월에**</u>
        <u>**전국적으로 개최되고 활쏘기, 씨름, 경마 등 민속경기를 연다.**</u>

01:05:32
        장내 안내 곧 경기를 시작하겠습니다.
        다들 경기장으로 모여 말의 등자에 축복의 마유를 뿌려주세요

01:05:41
        참가할 말들과 기수들이 줄지어 입장한다
        뎀비가 쿠렐의 말등에 마유를 뿌려준다.
        아버지가 갈트와 갈망아지를 출발점으로 안내한다.

#축제 시작전 경주장 풍경 묘사
-광활한 초원, 참가차량, 말, 사람들 붐비는 모습, 갈트 등 경주 준비하는 모습(경주에 나선 소년들의 전통의상 '델'모자 등 차림새, 전통 문양이나 말 모습이 장식된 나무막대나 솔 들고 있는 모습, 준비하는 모습을 보이는 그 대로 객관적으로 설명해야 함

넷째, 화면해설 작업은 **명료한 글쓰기** 작업으로 설명 내용들은 **압축적으로 구성**한다.

영화 〈써니〉(2011, 감독 강형철)

잘 나가는 남편과 여고생 딸을 둔 40대 나미는 어느 날 25년전 여고시절 '써니짱' 춘화와 마주친 후 '써니' 멤버들을 찾아 나서는데… 추억속 친구들을 만나면서 나미는 중년까지 이어지는 친구들과의 우정을 주요 내용으로 하는 영화다. 영화의 프롤로그가 40대 주부 나미의 일상적인 아침 모습을 보여주는 장면이다. 아침 6시에 일어나 분주하게 남편과 딸의 아침 식사를 준비하고, 출근/등교 배웅을 한다. 아래 화면해설 사례는 나미가 혼자 남아서 집안 곳곳을 청소하는 장면이다.

cut에 따른 나미의 동작을 정리하면 다음과 같다.

1. 거실 청소 -청소기(소리)

2. 텔레비전(홈쇼핑)-전화 주문 ☞ '건강식품'에 대한 정보

3. 거실 쇼파 정리

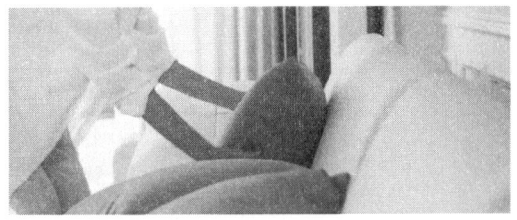

4. 딸 방 침대 시트 정리

5. 거실 텔레비전 리모콘 볼륨을 높임 ☞ '학교폭력'에 대한 정보

6. 부엌 설거지 마치고 고무장갑 벗고 손이 저린 듯 잠시 주무름

아래 사례(a-d)에 주요 내용이 화면해설에 포함돼 있는지 살펴보자.

(a)

03:06~03:08	2″	(청소기 소리) 거실. 나미가 청소기로 청소하기 시작한다.
03:09~03:20	10″	홈쇼핑 방송에 건강식품이 나오자 전화로 주문한다. (버튼 누르는 소리 들림) 쇼파 위 쿠션과 예빈의(방) 침대시트를 정리한다. 다시 티비 앞에 멈춰 선 나미.
03:21~03:25	4″	학교폭력에 관한 내용이 나오자 티비 볼륨을 높인다. (리모콘 볼륨 높이는 소리 들림)
03:26~03:34	8″	부엌. 나미가 설거지를 마치고 고무장갑을 벗는다. 손이 저린 듯 잠시 주무른다.

(b)

| 03:06~03:25 | 19″ | (청소기 소리 2초 후)*(장소)* 나미가 청소기로 청소를 한다. 홈쇼핑(방송)에 건강식품이 나오자 전화로 주문한다. *(전화버튼 소리)* 쇼파 위 쿠션과 예빈의(방)침대시트를 정리한다. 다시 티비 앞에 멈춰 선 나미. 학교폭력에 관한 내용이 나오자 나미가 티비 볼륨을 높인다.<u>(거실과 침실을 정리하고 짬짬이 TV채널도 돌려본다.)</u>*(리모콘 소리)* |
| 03:26~03:34 | 8″ | 나미가 싱크대에서 고무장갑을 벗는다. **손이 저린듯 잠시 주무른다.**
당뇨로 손가락이 살짝 떨린다. (☞'객관적'으로 해설하는 원칙에 위배-손가락이 살짝 떨린다, 떨린다의 종류가 경련의 성격으로 이해하는 정도는 가능함. 하지만 나미가 당뇨인지는 지금 화면에 드러난 정보로는 알 수 없음. 영화의 진행과 속도를 맞춰야 함. 앞서나가면 오히려 화면해설에 방해가 됨) |

2장. 화면해설의 개념   51

(c)

	03:06		진공청소리 소리
화면해설	03:07 03:08	1	<u>여인</u>이 거실바닥 매트를 청소기로 밀고 있다. (☞ <u>여인에 대한 정보 밝혀야함-가급적 빨리 주인공 이름 알려주어 관객이 주인공을 통해 영화의 분위기를 파악하도록 해야함</u>)
	03:09		텔레비전 소리
화면해설	03:16 03:34	17	텔레비전 홈쇼핑 방송을 보고 전화기 버튼을 누르는 여인 소파를 정돈하고, 아이방 침실도 정리한다. 또다시 리모컨을 들고 홈쇼핑 방송을 본다.(☞얼핏 화면을 보면 '나미가 청소하면서 리모콘을 들고 방송을 본다.'보는 것'이 틀린 해설은 아니라고 할 수 있다. 하지만 청소 중간 중간에 화면을 보면서 자신의 현 상황, 관심거리에 대한 정보가 있을 때 화면 앞에 서서 집중해서 어떤 동작을 하고 있다. 그 동작의 의미에 대해서 고민해야 함. 1. 화면소리에 전화기로 주문(건강식품, 가족 건강을 챙기는 40대 전형적인 전업주부의 모습) 2. 학교 폭력 뉴스가 나오자 리모콘 볼륨을 높임(① 여고생 자녀를 둔 학부모로서 관심 표명/ ② 추후 극의 전개상 딸이 학교폭력의 피해자임이 드러남, ③ 나미가 과거 '써니' 멤버로서 학교 폭력과 연관이 있었다는 사실에 대한 복선) 결국 화면 정보 하나하나에 감독이 영화에서 전하고자 하는 내용이 숨어있음. 특히 영화의 전개상 첫 부분은 도처에 스토리의 실마리가 될 만한 전조들이 숨어 있음. 간단하게라도 짚어줘야 관객이 영화를 감상하는데 도움이 됨. 그러기 위해서는 본격적인 화면해설 원고 작업을 하기 전에 꼼꼼하게 영화를 보고 전체 흐름을 정확하게 파악하고 있어야 함) 설거지를 끝내고 고무장갑을 벗는다. 그런데 자신의 손이 떨리는 것을 <u>느낀다.(감정이입 하면 안됨. 객관적으로 화면에 보이는 장면을 그대로 글로 옮겨 전해야 함)</u> 햇빛이 들어오는 커다란 거실 창가 테이블에 먹다 남은 토스트 접시와 물통을 내려놓으며 앉는다.

(d)

	03:06	28	나미가 청소기를 들고 밀고 있다.(☞<u>장소 없음</u>) 티비 홈쇼핑을 보고 전화다이얼을 누르는 나미 (☞<u>가족의 건강을 챙긴다는 의미에서 시간이 허락한다면 '건강식품'이라는 정보를 전하는 게 좋음</u>) 소파의 쿠션을 바로잡고, 침대를 정리한다 싱크대 앞에서 장갑을 벗고 손을 바라보는 나미(☞<u>싱크대에서 설거</u>

| | | | 지 마무리하는 샷의 의도를 파악해야 함. 전업 주부의 일상적인 손 저림에 대한 상황을 전해야 함. 가족을 위해 성심성의껏 살림을 해 온 주부 나미의 상황 간접 전달) |

〈끝까지 간다〉(2013, 감독 김성훈)

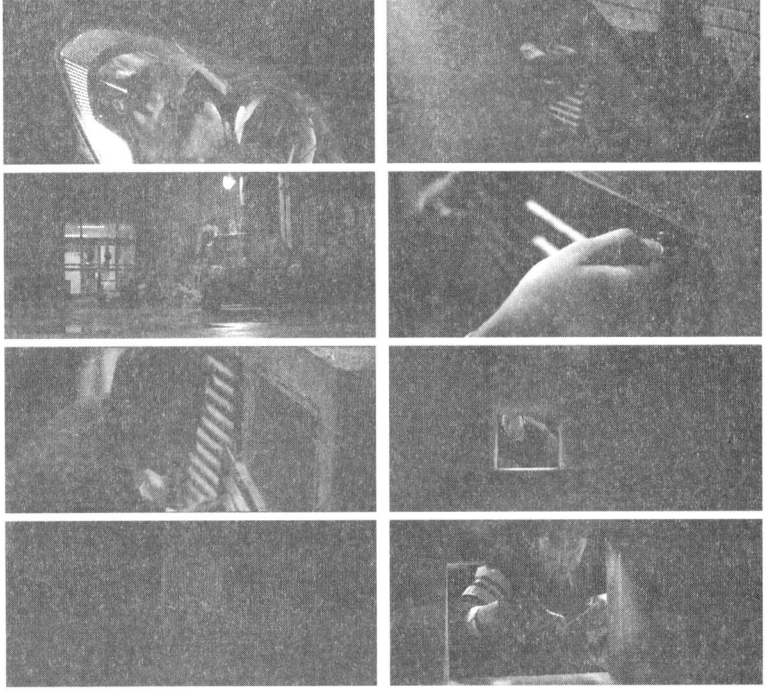

NA	00:19:58	12	장례식장 한 쪽 구석에 헤드라이트가 깨진 건수 차가 환풍구를 가리며 주차 돼 있다. (운전석 문을 열어 둔 채)건수가 쪼그리고 앉아 환풍구 덮개를 동전으로 열고 있다.
NA	00:20:10	7	(환풍구) 덮개를 뜯어내자 사각으로 된 좁고 긴 철제 통로가 나온다.
NA	00:20:17	8	건수가 양복 안주머니에서 장난감 병정을 꺼낸다. 발목에 줄이 묶인 병정을 통로 끝까지 집어 던진다.
	00:20:25		철커덕 (병정 떨어지는 소리)

2장. 화면해설의 개념   53

NA	48:12	8	건수가 공중전화부스에 있는 중년남자를 발견한다. 남자가 수화기를 내려놓는 동시에 건수의 전화도 끊긴다.
NA	48:20	18	*(약간 빠르게)* 남자가 경찰서 앞에서 여유롭게 주황색 택시에 오른다. 건수가 남자를 향해 달려가지만 택시가 먼저 출발한다. 택시 번호를 눈여겨 본 건수, 재빨리 경찰서 주차장으로 달려가 자신의 차에 올라탄다. *(소리 : 삑. 탁. 붕 소리 짧게 듣고 바로 해설)*
NA	48:38	6	건수 차가 경찰서 입구를 나오자마자 거칠게 방향을 꺾은 후 차선을 따라 질주한다.
NA	48:44	10	이차선 도로 위. 건수 차가 앞차를 추월한 후 전속력으로 달린다. 중앙선을 무시하고 차선을 넘나들며, 차들을 아슬아슬하게 피해 도로를 가로지른다.
NA	48:54	16	*(약간 빠르게)* 건수가 긴박하게 전방을 훑는다. 핸들을 능숙하게 움직여 중형차를 추월하는 건수. 연이어 앞차들을 추월하려고 옆 차선으로 넘어간다. 승합차가 마주보고 달려오자 잽싸게 핸들을 꺾어 피한다.
NA	49:10	21	*(약간 빠르게)* 사거리 교차로. 건수가 사거리를 지나다 다른 길로 빠지는 주황색 택시를 발견하고 급히 차를 세운다. 차를 후진해 방향을 튼 뒤, 택시를 뒤쫓는 건수. 택시에서 시선을 떼지 않고 속도를 높인다. 택시가 모퉁이를 꺾으며 10차선으로 접어든다.
NA	49:31	10	10차선 도로 위. 건수가 예리한 눈빛으로 택시를 노려보며 천천히 따라붙는다. 건수 차는 택시와 30미터쯤 떨어져 있고 그 사이엔 차들이 빽빽하다.
NA	49:41	10	횡단보도 신호가 바뀌며 차들이 일제히 멈춰 선다. 건수가 초조하게 손가락으로 핸들을 두드린다.
NA	49:51	3	신호가 바뀐다.
대사	49:54	3	*(소리 : 빵빵)* - 아 진짜 뭐야.
NA	49:57	15	차량 선두에 있던 택시가 출발하지 않고 멈춰 서 있다. 차들이 경적을 울려도 택시는 꿈쩍하지 않는다. 멈춘 택시를 매섭게 응시하는 건수. 택시 뒤차들이 차선을 바꿔 택시 옆을 지나친다.

화면해설은 화면에 드러난 영상 정보를 전달해야 한다. 화면해설은 가급적 세세하게 그려내서 시각장애인들이 화면을 상상하고 궁극적으로 스토리를 이해할 수 있도록 해야 한다. 등장인물의 위치, 동작 반경, 움직임(방향)에 대한 최소한의 정보를 제공해야 할 필요가 있다. 씬(scene)의 이해를 위해 컷(cut)변화를 세세하게 표현해야 할 경우도 있다. 가끔 화면해설작품을 볼 때, 화면에 드러난 객관적인 장면이 아니라 장면을 보면서 작가가 이해한 내용을 요점해서 전달하거나 장면의 의미(감독의 의도)를 직접적으로 전하는 경우가 있다.

영화 〈갈망아지〉(2012, 감독 코롤도즈 초이주반지그, 몽골)는 2013년 제18회 부산국제영화제 상영작품이다. 8살 몽골 소년 갈트가 우연히 만난 갈망아지와 우정을 쌓아가는 이야기다. 갈트가 도둑맞았던 갈망아지를 찾아 우정이 깊어지는 모습, 감정적으로 교류를 하는 모습을 드러내는 장면(광활한 초원에서 갈트가 갈망아지와 행복한 시간을 보내는 장면/ 함께 달리고, 쉬고, 다시 달리는 장면)이다. 이 부분에서 서로 마음을 개괄적으로 요점 정리하듯 해설을 할 경우, 시각장애인들은 주인공 갈트와 갈망아지와의 친밀한 감정교류 장면을 유추하기 어렵게 된다. 갈트와 갈망아지가 있는 장소, 시간적 분위기, 행동, 이동 동선, 둘의 친밀한 감정 교류 모습 등이 세세한 표현을 통해 드러나야 한다. 다행스럽게도 이 부분에서 상황을 제대로 묘사할 수 있을 만큼 무음의 공간(시간)도 충분하다.

석양이 지는 초원을 갈망아지와 함께 걸어가는 갈트, 갈망아지 등에 업혀 목을 안고 갈기를 쓰다듬어 준다.

☞석양이 지는 초원, 갈트가 갈망아지 목줄을 잡고 쉬엄쉬엄 걷는다. 초원에 가만 서 있는 갈망아지, 갈트가 업힌 것처럼 갈망아지 등에 상체를 붙인 채 정성스럽게 갈기를 쓰다듬어준다. 석양이 지는 초원, 갈트가 갈망아지를 타고 다시 내달린다.

가끔 작가들이 시나리오를 참고해서 정보(장소, 동작 등)를 전달하기도 하는데, 시나리오는 영상작업을 하기 위한 사전 텍스트일 뿐이다. 영상 작업(촬영)을 하다보면, 시나리오 구상작업에서와 다른 장소, 장면, 주인공(복장, 동선, 셔레이드)이 달라지는 경우가 많다.

시나리오에 드러난 정보에 의존해서는 안 된다. 또한 장애인이 화면을 제대로 이해하고 느낄 수 있도록 객관적인 내용을 중심으로 묘사해야 한다. 그래야만 감독의 메시지를 정확하게 전달할 수 있다.

화면해설은 영상에 대한 통합적 해석력이 요구되는 작업이며, 어떤 단어와 문장으로 구성하느냐에 따라 의미가 새롭게 만들어지는 "창조적 과정"이라 할 수 있다.

3장. 화면해설쓰기의 과정

1. 영상물 선정

일반 시청자들과 마찬가지로 시각장애인들도 인기 있는 프로그램을 우선적으로 보고 싶어 한다는 것을 염두에 두어야 한다. 하지만 원 영상물의 장르나 특징에 따라 화면해설이 불필요한 경우도 발생할 수 있으므로 화면해설을 필요로 하는지 먼저 파악하여 화면해설의 효용성을 확보해야 한다.

2. 관객으로 영화보기

작가가 화면해설 원고를 쓰기에 앞서 관객의 입장으로 객관적으로 영화를 보는 단계이다. 화면해설 작가는 화면해설 대본을 작성하기 위하여 반드시 원 영상물을 선감상한 후 시각적 요소들에 대한 분량이나 표현법 등을 먼저 구상하여야 한다.

첫 번째 감상단계에서 영화 전반에 대한 일차적인 내용은 파악을 해야 한다. 예를 들면 등장인물의 이름과 다른 인물과의 관계를 알 수 있고, 플롯 전개, 감독이 말하고자 하는 바 전하고자 하는 메시지 정도는 이해해야 다음 단계 작업 진행이 수월해진다.

원고 작업 기간이 충분할 경우, 영국에서는 원칙적으로 작가가 이미지 없이 영화를 보는 것을 권한다. 시각장애인처럼 오직 대사와 음향효과만을 듣는 것이다. 다른 방법으로는 시각장애 체험이 가능한 특수렌즈로 만든 안경을 끼고 보는 것을 권장하기도 한다.

작업 초기에 진행하는 이런 시각장애체험은 화면해설 작업에 유용하다.

작업자에 따라 원 영상물의 영상을 보지 않은 상태에서 대화와 사운드 효과만 들으며 시청한 후 원본 시나리오와 함께 다시 시청하는 경우도 있다. 서비스 대상자인 시각장애인 입장에서 명확하게 전달되지 않는 부분들을 좀 더 용이하게 파악할 수 있을 것이다. 이 부분은 처음 화면해설을 시작하는 작가들에게는 좀 더 효과적으로 전달하기 위한 작업 과정으로 생각되며, 이는 작가 외에 화면해설 해설자에게도 필요한 과정이라고 생각한다.

3. 감독의 의도 파악(주제, 미장센, 서사구조 등)

영화의 화면해설작업은 철저하게 감독의 의도를 파악해서 진행해야 한다. 화면해설작업전에 영화를 여러 번 반복해서 보는 이유도 영상을 통해 감독이 전하고자 하는 주제 즉 메시지를 찾아내기 위해서이다. 또한 그 과정에서 영상으로 스토리를 전하는 감독의 스타일도 파악하게 된다. 작가가 감독의 의도를 제대로 파악하고 있어야만, 영화의 문맥을 제대로 해석할 수 있다. 감독의 의도와 무관하게 자의적인 해석을 하거나 주관적인 해석을 해서는 안 된다.

화면해설 작가는 감독의 의도를 어떻게 언어로 표현할 수 있을까?

감독은 각 장면에 따라 필요한 컷을 조합해 나가는데 하나의 씬을 몇 개의 컷으로 표현할 것인지는 그 감독의 의도에 따라 정해진다. 감독의 의도는 컷에 단적으로 나타나기 때문에 컷을 묘사하면 언어로 감독의 어조를 읽어내는 것이 가능할 수도 있다.

그래서 컷의 길이와 문장 길이를 같게 한다면 시각장애인들에게 영상의 템포나 리듬을 간접적으로 느끼게 할 수 있다.

시간이 허락되는 한 여러 번 영화를 반복해서 보는 것이 영화를 해설하는데 도움이 된다. 몇 번이고 영화를 반복해서 보다보면 감독의 말투, 즉 영상으로 스토리를 전달하는 감독의 방법을 이해하게 되고, 결국에는 그 과정을 통해서 감독의 스토리에 보다 근접한 스토리로 사람에게 전달할 수 있게 된다.

즉 감독의 시점에서 사고를 하게 된다는 말이다. 또한 반복해서 영화를 보다보면 영화의 흐름(기승전결)과 함께 작품에서 감독이 가장 말하고 싶은 것이 보인다. 또한 여러 번보다 보면, 화면의 구석구석까지 볼 수 있어서 그 과정에서 놓치는 부분도 줄어들고, 화면해설 작가의 자의적인 해석의 가능성도 줄어들게 된다.

4. 화면해설 정보 정리

화면해설 작가(describer)가 영상물을 분석하여 시각장애인에게 영상의 내용을 충분히 전달할 수 있도록 자막이나 그래픽, 배경과 표정 등 중요한 시각적 요소를 정리하는 단계이다. 즉 앞서 영화 전체적인 흐름을 파악을 했다면, 이 단계에서는 시퀀스별로 필요한 화면 정보를 정리한다. 화면해설 작가는 대본을 작성하기에 앞서 원 영상물의 내용이나 정보를 사전에 입수하여 등장인물의 특징을 파악하고 그들의 이름이나 관계 등을 이해하고 있어야 한다. 영화 감상이 끝난 후 화면해설 작가는 원 영상물의 시나리오 또는 대본의 상태를 점검하여 성실히 기록되어 있는지 확인해야 한다.

화면해설이 원 오디오인 내레이션 및 대사와 충돌을 일으킬 경우, 청취의 어려움이 발생한다. 따라서 원 오디오와 어떻게 조화롭게 화면해설을 배치하는가는 중요한 과제가 된다. 더 나아가 단지 청취의 어려움을 해결하기 위한 이유뿐만이 아니라 오디오와 화면해설의 적절한 배치는 효율적인 내용 전달의 효과도 거둘 수 있다.

	0:04:21~0:04:23	2″	**병원 복도.**
	0:04:24~0:04:29	5″	간호사: 어, 안녕하세요. 나미: 이거. 간호사: 아니에요……. 감사합니다.
	0:04:30~0:04:32	2″	**나미가 간호사에게 스타킹을 건네고 병실로 들어선다.**
	0:04:33~0:04:55	22″	나미母: 마음에 들고 말고, 샤넬인디. 신경 접고 고만 일 보소. 저기, 여그, 우리 사위가…… 샤넬.
	0:04:56~0:04:59	3″	**나미母가 막장드라마에 빠진 사람들에게 가방을 자랑한다.**
	0:05:00~0:05:02	2″	나미: 회사 인수라는 게 쉽지가 않나 봐.
	0:05:03~0:05:04	1″	**씁쓸한 표정의 나미母.**
	0:05:05~0:05:29	24″	나미母: 홍 서방이 저리 잘 될 줄은 어찌 알았겄어. 니 오빠 저랄 줄은 또 어찌 알고. 학교 때 노동운동이다 뭐다 지랄을 하더만, 직원들 월급이나 횡령하고. 나미: 인생은 아이러니한 거니께. 나미母: 너는 인자 사투리가 어색하구마? 나미: 아따 서울사람 다 됐는갑지.

- '대사나 특징적인 소리가 없는 컷'의 경우, 컷의 길이와 화면해설의 길이를 동일하게 한다.

단, 컷이 이어지면서 대사가 있을 때, 화면해설은 대사를 피해야 하므로 컷의 길이와 화면해설의 길이가 일치하지 않는다. 또한 긴 컷은 화면해설도 몇 개의 문장이 필요하다.

- '대사가 시작부터 있는 컷'의 경우, 대사가 있는 씬이 끝나는 순간, 또는 다음 씬이 시작하기 전에 먼저 화면해설(시간과 장소 정보)이 들어간다.

5. 타임 체크

본격적인 원고쓰기의 첫 단계는 '타임체크'다. 해설을 쓸 자리의 시간을 표시하는 것이다. 좀 더 풀어서 설명하자면 대사와 현장음을 제외한 무음부분을 찾아서 시간을 재는 작업이다. 일종의 원고지 만들기 작업이다. 타임체크 단계에서 해설 시간을 체크하는 것만큼 중요한 작업은 대사쓰기이다. 대사를 쓰다보면 작품에 대한 이해가 깊어지고, 등장인물에 애착이 생기고, 대사만으로 의미전달이 불분명한 곳이 발견되고, 시각장애인이 이해하기 어려운 곳을 알 수 있게 된다. 실제로 대사를 써 보면 이 작업이 생각보다 많은 시간을 요구하는 작업이라는 사실을 알게 된다. '대사쓰기'는 몇 번이나 영상을 다시 보는 것과 같은 효과도 있다. 이런 과정을 통해서 시각장애인들이 궁금해 하는 부분, 즉 가려운 곳을 긁어주는 화면해설을 하는 준비를 하게 된다. 작가는 작품에 대한 이해가 깊어지면서 애착을 갖게 된다.

영화 〈표적〉 오프닝 시퀀스

〈타임체크 1〉

구분	시간	간격	대사 / 화면해설
NA a	00:00~00:19	19	
b	00:20~00:44	22	
c	00:44~01:02	19	
d	01:02~02:25	83	
대사	02:25~02:27	1	잠깐
NA e	02:27~02:46	21	
대사	02:46~02:47	1	저기요
NA f	02:47~04:00	72	

타임체크- 일반적으로 샷 또는 씬 장면을 기준으로 나누어 준다.
① 무음공간 확인: 소리(대사, 현장음)가 없는 부분의 장면을 체크한다.
② 시작점부터 끝 지점까지 간격을 정확하게 체크한다. 가급적 10초 이하로 구분하는 것이 정확한 원고 작성에 도움이 된다.
③ 소리(대사, 현장음 등)를 체크해서 타임체크 본에 그대로 받아적는다.

〈타임체크1〉의 경우를 살펴보자.
1. 무음의 공간을 기준으로 나누었다. (d 〈잠깐〉 e 〈저기요〉 f)
2. 씬에 따른 구분도 있다. (a: CJ엔터테인먼트 로고 b: Gaumont 로고 c: 투자지원 등)

〈타임체크 2〉

구분	시간	간격	대사 / 화면해설
NA a	0:00:00~0:00:14	13	별이 반짝이는 저녁 바닷가, 아이 세 명이 조그마한 섬 위에서 폭죽을 쏘아 올리자 빨강, 노랑, 파랑색 폭죽이 밤하늘 높이 길게 꼬리를 그리며 올라가다 파편을 뿌리며 꽃잎모양으로 터진다.
	0:00:14~0:00:20	5	CJ엔터테인먼트 로고 모양으로 변하는 꽃잎 세개
b	0:00:20~0:00:44	22	검은 화면에 빨간 점이 나타나 긴 선으로 변한다. 선은 다시 흩날리는 꽃잎으로 변한다. 빨간 꽃잎들이 흩날리다 모여 글자가 된다. Gaumont
c	0:00:44~0:00:49	4	블랙 화면 자막, 제공/배급 cj 엔터테인먼트
	0:00:49~0:00:54	3	공동제공, 아이디어브릿지자산운동, KDB 산업은행 외 13개 회사
	0:00:54~0:00:58	3	투자지원, 문화체육관광부 외 2, 공동투자 장석환 외 14분
	0:00:58~0:01:02	3	제작, 주 바른손, 용필름
d	0:01:02~0:01:07	4	명진빌딩, 폭우가 내리는 깜깜한 저녁, 번개가 친다.
	0:01:07~0:01:14	6	어두운 복도, 여훈이 복부를 움켜쥐고 비틀거리며 겨우

3장. 화면해설쓰기의 과정 63

			걸음을 떼다 문에 기대선다.
	0:01:14~0:01:22	8	~~복부를 감싼~~ 여훈의 손이 피로 가득하다. 문에 기대선 채 식은땀을 흘리며 거친 숨을 쉰다. (빠르게)이를 악문 채 고개 돌려 옆을 보는 ~~여훈~~ 순간
	0:01:22~0:01:24	1	(총소리)
	0:01:24~0:01:29	4	총알이 문에 박힌다. 손전등 불빛에 쫓기며 힘겹게 복도를 뛰어 가는 여훈
	0:01:29~0:01:33	3	빌딩 밖으로 나와온 ~~여훈, 복부를 움켜쥐고~~ 주변을 둘러본다.
	0:01:33~0:01:46	12	벽 담장을 짚는 피로 물든 손, 담벼락을 타고 넘어오다 유료주차장 컨테이너 지붕에 떨어진다. 다시 뛰어내려 도망치는 여훈 빗물이 고인 웅덩이, 좌우를 살피는 여훈이 비친다.
	0:01:46~0:01:59	14	웅덩이를 지나 비틀거리며 주차된 트럭으로 가는 여훈, 힘겹게 트럭을 짚으며 무릎을 꿇은채 푹 꼬꾸라진다. 복부를 움켜잡고 신음하며 고통스러워한다. 피로 흥건한 두 손을 보고 고개를 떨구다 다시 주변을 둘러본다.
	0:01:59~0:02:04	5	유료주차장 지붕위에 있는 킬러 둘을 발견한 여훈이 트럭 밑으로 천천히 몸을 숨긴다.
	0:02:04~0:02:09	5	트럭 밑에 엎드린 채, 절박한 표정으로 워커를 신고 주변을 살피는 킬러들을 숨죽여 지켜본다.
	0:02:09~0:02:17	8	킬러들이 간 것을 확인한 후 ~~트럭 밖을 살핀다.~~
	0:02:17~0:02:24	7	트럭 밑에서 기어 나와, (킬러반대쪽으로)비틀거리며 벽과 트럭사이를 빠져나간다.
	0:02:24~0:02:25	1	(빠르게)~~반대방향에 있던~~ 킬러가 (뒤돌아서) 여훈을 발견한다.
	0:02:25~0:02:27	2	잠간
e	0:02:27~0:02:29	2	(빠르게)킬러가 쏜 총알이 트럭 백미러를 날려버린다. 총을 쏘며 여훈을 쫓는 킬러들
	0:02:29~0:02:41	12	총알을 피하면서 도망가는 여훈, 잠시 몸을 숨기더니 다시 나와 킬러들을 확인하며 뒷걸음질치다 대로변 도로로 달려간다. 뒤쫓는 킬러들
	0:02:41~0:02:42	1	승용차에 치이는 여훈

	0:02:42~0:02:43	1	(교통사고 소리)
	0:02:43~0:02:46	3	도로 벽 뒤에서 지켜보는 킬러들, 아스팔트 도로에 쓰러진 여훈
	0:02:46~0:02:47	1	저기요
	0:02:47~0:02:51	4	행인들이 몰려들자 (지켜보던)킬러들이 발길을 돌린다.
	0:02:51~0:02:59	8	도로 차선 위에 비스듬히 쓰러져 있는 여훈, 주변으로 사람들이 모여든다.
	0:02:59~0:03:05	6	화면이 검게 변하며 쓰러진 여훈 위로 십자가 모양의 표적 표시 위에 흰 글자로 〈표적〉이 뜬다.
	0:03:05~0:03:10	5	표적 주위로 원이 그려지고 원은 사람 눈동자 일러스트로 변한다. 자막 제작투자 정태성. 날카로운 눈매의 눈에 다시 표적 표시가 그려진다.
	0:03:10~0:03:19	9	십자가 표시 가로선을 따라가며 나오는 총알이 박힌 벽, 총알을 발사하는 권총 일러스트, 총대 위아래 자막 투자총괄 권미경, 투자책임 방옥경
f	0:03:19~0:03:22	3	총을 들고 있는 남자 일러스트
	0:03:22~0:03:29	7	여권에 박히는 총알, 여훈의 군인 기록 사이로 뜨는 자막 프로듀서 이준우
	0:03:29~0:03:35	6	검은화면, 원안에 숫자 408, 주위로 총알 박히고, 총알 구멍 사이로 빛이 새어 나온다. 408호 앞을 천천히 스쳐 가는 총알 하나
	0:03:35~0:03:44	9	총을 발사하는 남자 손 일러스트 위 자막 류승룡, 파편을 지나 나오는 자막 이진욱
	0:03:44~0:03:51	7	표적 표시를 지나 검은 십자가 목걸이, 여훈 얼굴 일러스트 위 자막 김성령
	0:03:51~0:04:00	9	검은 벽 일러스트, 벽 뒤 몸을 숨긴 야상차림 남자 십자가 표적 표시에 들어와 있다. 자막 감독 창

〈타임체크 2〉는 〈타임체크 1〉에 비해 좀 더 상세하게 정리가 되어 있다. 현장음도 상세하게 표시되어 있고, 간격도 10초 이내로 적절하게 나누어 정리하였다. 장면을 잘 구분하게 되면 원고 작성하는 작가도 편리하지만, 작

업 후 제작(더빙)시 내레이터가 영상에 맞게 원고를 읽는 시점을 찾기가 수월하고, 엔지니어와 제작자(연출)도 제작 작업이 원활하게 된다.

만일 〈타임체크 1〉처럼 작업을 해서 원고를 작성한다면 내레이션 속도를 맞추기도 어렵고, 중간에 NG가 날 경우 시작점을 찾기도 어렵다. 다시 말해 제작시간이 몇 배로 길어질 수도 있다는 점이다. 아래 〈타임체크 3〉의 경우를 보면 쉽게 이해가 될 것이다. 타임체크 부분을 제외하고 내용 부분만 보면 영상이 그림으로 그려진다. 소설이나 드라마 대본을 읽을 때처럼 말이다. 주인공의 상황, 사건이 일어나는 장소, 분위기 등이 상세하게 그려진다. 하지만 화면해설이라는 장르를 다시 한 번 상기해보자. 가장 중요한 원칙은 무음의 공간을 정확하게 체크하여 그 길이에 맞게 원고를 작성하는 일이다. 무음 공간을 체크한 다음, 씬에 따라 적절하게 10초 이내로 나누어 화면해설 원고를 작성해야 한다.

〈타임체크 3〉

NA	00:00~00:25	25	CJ 타이틀
	00:25~00:45	20	바람이 불고 비가 많이 내린다. 천둥이 치고 하늘이 번쩍거리는 빌딩 앞.
	00:45~01:02	17	어두운 복도를 여훈이 다친 배를 움켜쥐고 절뚝거리며 걷고 있다. 지친 여훈이 문에 털썩 기댄다. 그 충격으로 아픈 듯 얼굴을 찌푸리며 피가 나는 배를 움켜쥔다. 거친 숨을 몰아쉬다 문에서 끼익 소리가 나자 재빨리 몸을 피한다. 그러자 총격으로 문이 뚫린다.
	01:02~02:02	60	여훈을 찾는 듯 손전등 불빛이 이리저리 어른거린다. 여훈은 뒤를 살피며 미친 듯이 뛰고 있다. 건물 창문에서 여훈이 뛰어내린다. 떨어지자 아픈 듯 짧은 신음을 뱉고는 주위를 두리번거린다. 여훈이 벽을 타고 넘어오다 유료주차장 컨테이너에 떨어진다. 잠시 고통에 몸부림치다 얼른 다시 뛰어내려와 주위의 큰 공사 트럭 뒤로 몸을 숨기다 털썩 주저앉는다. 그 충격으로 아픈 듯 피가 나는 배를 움켜쥐다 손에 묻은 피를 바라본다. 쿵쿵 발소리가 들리자 여훈이 재빨리 뒤를 돌아본

			다. 컨테이너 위에 검은 복장을 한 두 남자가 총을 들고 두리번거리고 있자 여훈이 트럭 밑으로 몸을 숨긴다. 트럭 밑으로 뒤쫓아 온 두 남자의 발이 보이고 긴장한 여훈이 거친 숨을 참고 있다. 곧 두 남자가 반대 방향으로 가는 것을 확인한 여훈이 트럭 밑에서 기어 나와 비틀거리며 도망간다.
대사	02:02~02:06	4	잠깐
NA	02:06~02:46	40	반대쪽으로 뛰어가던 두 남자가 여훈을 발견하고 멈춰 서서 총을 쏜다. 여훈이 피하자 두 남자가 총을 쏘며 뒤쫓아 뛰어온다. 여훈은 총을 피해 뒤를 살피며 뛰어가다 큰길에서 달려오던 차에 치인다. 뒤쫓던 두 남자는 멈춰 서서 그런 여훈을 본다.
대사	02:24~02:25	1	저기요
NA	02:25~03:38	73	여훈 주위로 사람들이 몰리고 여훈을 지켜보던 두 남자는 그 자리를 뜬다. 여훈은 도로에 정신을 잃은 채로 비를 맞으며 누워있다. 표적 타이틀

6. 원고 작업

타임 체크를 끝내고 나면 빈 칸에 화면에 대한 정보를 채워 넣어야 한다.

해설은 대사와 현장음과의 관계를 적절하게 유지해야 한다. 때로는 대사나 현장음을 이끌어 주기도 하고, 때로는 상황이 끝난 직후 보충의 역할을 하기도 한다.

대본 작성이 다음에 유의해야 한다.

첫 번째, 화면해설 작가는 등장인물의 표정, 몸짓, 배경, 기타 중요한 시각적 요소들을 원 영상물의 내용을 훼손하지 않는 범위 내에서 적극적으로 제시해야 한다.

두 번째, 화면해설의 분량(또는 길이)은 가급적 원 영상물의 인위적인 편집 대신 주어진 영상에 적합한 분량(또는 길이)으로 제시해야 한다.

세 번째, 화면해설은 주어진 영상에 대한 정보를 단순 나열하지 말고 복합적 의미를 전달하는 영상물의 특징을 최대한 부각시켜 객관적 사실을 제시해야 하며 부득이 필요한 경우에 따라 최소한의 감상적(또는 문학적) 표현을 가미한다.

네 번째, 화면해설은 원 영상물의 대상 연령층을 정확히 파악하여 대상자를 고려한 용어를 선택해야 한다.

다섯 번째, 대다수 시각장애인의 경우 원 영상물에서 대사 없이 진행되는 소리에 대하여 궁금증을 갖게 되므로 **소리**의 정체에 대하여 정확히 제시해야 한다.

여섯 번째, 화면해설에서 제시되는 인칭과 시점은 일관성 있게 표시되어야 하며 **때와 장소의 변화**는 반드시 제시해야 한다.

일곱 번째, 시각장애인이 원 영상물을 충분히 이해하도록 돕기 위해 화면해설 작가는 대사와 대사 사이, 영상과 대사 사이, 영상과 영상 사이의 의미전달에 따른 개연성을 충분히 전달해야 한다.

여덟 번째, **전문적인 용어**나 **난해한 그래픽**에 대한 부연 설명이 필요할 수도 있다. 따라서 참고 문헌이나 인터넷 상의 정보 등을 수집하여 정확한 내용을 파악할 필요가 있다. 이를 위해 소비하는 시간은 제작 상 필요한 부분으로 충분히 고려되어야 한다.

아홉 번째, 화면해설 대본 작성이 완료되면 반드시 오·탈자 등에 대한 교정을 실시하여 화면해설 해설자가 잘못된 정보를 읽지 않도록 해야 하며 이는 스튜디오에서의 제작시간에도 큰 영향을 미친다.

열 번째, 화면해설 대본이 완성되면 주어진 화면과 해설을 비교하여 분량(또는 길이)의 일치 정도를 점검해야 한다. 화면해설을 녹음하는 현장에서는 정확한 발음을 위하여 보통 사람들이 말하는 속도보다 다소 천천히 읽는 경향이 있으므로 이를 염두에 두어 실제처럼 읽어야 한다.

원고 작업시 원칙

－보이는 것만 해설하라
－보이는 것에 대한 개인적인 의견을 넣지 마라
－대사와 해설이 절대 겹치지 않게 하라
－원고 작성 후 반드시 영화를 보면서 직접 원고 리딩하며, 점검한다
 (원고 분량, 어휘, 문장 등)

---

7. 감수 또는 모니터링

완성된 초고는 감수단계를 거친다. 감수를 진행하는 감수자나 편집을 책임지는 연출자는 기본적으로 시각장애인에 대한 이해, 화면해설에 대한 소양을 갖춘 사람이어야 한다. 이 단계에서는 영화에 대한 작가의 해석력과 표현(어휘, 문장)에 대한 부분, 시각장애인에 대한 이해에 대한 부분이 중점적으로 검토된다. 감수와 함께 모니터링을 진행해 해설과 오디오 겹치는 부분이 있는지 최종적으로 점검하게 된다. 감수 또는 모니터링 과정에서 보완 또는 수정 지시를 받았을 경우, 작가는 마무리 작업을 진행한 후 원고를 최종 마무리 한다.

8. 녹음

화면해설 대본 작성 후, 전문 성우 또는 아나운서를 통하여 음성 녹음하며 이를 타임코드(디지털 방식으로 시간을 기록해 두는 비디오나 오디오 상의 트랙)를 사용해서 오리지널 프로그램과 함께 'mix to mix' 방식으로 full DVS 오디오 트랙을 만든다. 녹음은 심혈을 기울여 작성한 원고가 새롭게 탄생하는

단계이다. 내레이터의 목소리가 영화의 분위기와 맞는지, 읽는 속도가 적절한지 확인해야 한다. 녹음 과정에서 단어들이 또렷하게 잘 들리는지, 대사 또는 현장음과 겹치지 않도록 내레이션 타이밍을 잘 맞추어야 한다.

9. 녹음 검수-믹싱-완성

해설에 실수로 빠진 부분이 없는지 확인하기 위해서 녹음한 것을 들어보는 것은 중요하다.

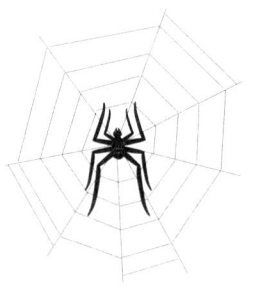

4장. 화면해설, 무엇을 설명할 것인가?

화면해설은 기본적으로 시각적인 정보를 언어로 묘사하는 일이다. 중요한 원칙은 '눈에 보이는 것을 해설'하는 것이다.

영화표현의 최소 단위인 한 컷에도 때로는 다양한 정보를 담고 있다.

많은 정보 가운데 중요한 정보를 우선적으로 선별해야 한다. 선별에 앞서 작가가 할 일은 감독이 관객에게 보여주고자 하는 것, 즉 컷에 숨겨진 감독의 의도를 파악하는 일이다.

1. 시간과 공간의 전환

씬(scene)의 전환은 시간과 공간의 변화를 내포한다. 시대적 배경, 사건이 벌어지는 장소를 배제하고 화면해설을 쓸 수 없다. 이러한 요소는 각 영상에서 시각적으로 보이는 것들이기 때문에 당연히 두드러진 부분을 선택해서 서술한다. 일반 시청자들은 영상과 자막으로 이를 확인하지만 시각장애인들은 앞의 씬과 다음 씬의 전환을 미처 알지 못하고 같은 씬으로 오인하여 혼선을 겪는 경우가 종종 발생한다.

현장음이 바뀌면 장면이 변했다는 것을 알 수도 있겠지만 그곳이 어디인지는 알 수 없다.

영상에서 시간과 공간은 그림의 밑바탕과 같은 것이라서, 영상을 이해하기 위해서는 첫머리에서 시간, 공간의 해설이 반드시 필요하다. 특히 시간적 배경은 극의 흐름상 느낄 수도 있지만 장소 설명은 반드시 필요하다.

간혹 실내 촬영인 경우에는 밤인지 낮인지 구분하기 어려울 때가 많다. 때문에 우선 공간위주로 설명해주고, 밤낮의 구분이 확연히 드러나는 영상일 경우, 해설문장 안에 녹여 전달해주는 방법을 채택한다. 예를 들어, '아무개의 흰색 승용차가 도심의 밤거리를 달리고 있다.'로 표현해 시간과 공간이 자연스럽게 드러나도록 하기도 한다.

그런데 장면의 전환 시 대체로 앞에서 그 변화를 해설해주지만 때론 나중에 그것을 알려주는 경우도 있다. 연출적 의도로 '시간' 또는 '장소'를 명확하게 밝히지 않는 경우도 있다. 미리 밝혀두면 극의 흐름상 숨겨왔던 서스펜스(suspense)가 완전히 무너지게 되는 영화일 경우, 시각장애인들에게 감상의 즐거움을 빼앗게 된다. 그런 상황은 피해야 한다. 또한 카메라워크가 다양하게 이루어져 역동적인 화면전환이 나타날 경우에는 그 상황을 먼저 해설하고 나중에 시간과 공간에 대해 알려주기도 한다. 예를 들어 카메라가 어딘가에 놓여 있는 사물, 어딘가로 들어서는 발 등을 집중적으로 비춰서 호기심을 유발하는 경우에는 그것을 먼저 해설하고 시간, 공간을 뒤늦게 해설기도 한다.

씬이 바뀌고 나서 해설을 넣을 시간이 있으면 바로 해주는 것이 제일 좋은 방법이겠지만, 시간이 없을 경우에는 대사와 조금 겹치더라도 해설을 할 때가 있다. 하지만 장면이 전환되었더라도 인물의 대사를 통해 시간이 언제인지, 장소가 어디인지 바로 대사에 그 내용이 있는 경우 해설을 생략하기도 한다.

#장면전환 직후, 〈시간과 장소〉에 대한 정보를 전달해야 한다.

4장. 화면해설, 무엇을 설명할 것인가?   73

장소에 대한 묘사는 지리적 위치, 자연환경 등의 배경, 분위기, 실내의 경우 내부 장식의 특성 그리고 장소 및 주요 배경의 변경 등에 대해 설명해야 한다. 또한 때의 경우, 과거/현재/미래, 봄/여름/가을/겨울 등의 계절, 하루에서의 시점 등을 설명한다.

2. 배우 / 등장인물

해설의 주요한 범주는 언제, 어디서, 누가, 그리고 무엇을 꼽을 수 있다. 화면해설의 주요한 목적은 명확함이다. 해설자는 필수적이지 않은 것은 추려내야만 한다.

영화에서는 등장인물이 영화의 흐름에서 중심을 잡는 역할을 한다. 간혹 인물의 캐릭터, 예를 들어 외형적 모습과 성격, 직업, 연령, 취미 등이 앞으로 벌어질 사건과 깊은 연관을 가지는 경우도 상당수 있다. 때문에 영화에서는 인물과 관련한 특징을 설정하기 위해 다양한 정보들을 군데군데 배치하게 된다. 관객들은 영화를 보면서 그런 정보를 하나씩 취합하고 인물의 캐릭터를 구축하게 된다. 영화속에서 캐릭터가 어떻게 구축되는가를 이해할 수 있어야 하고 그것과 관련된 정보들을 놓치지 않고 화면해설에서 전달해야 한다.

사람에 대한 묘사는 등장인물의 의상과 스타일, 신체의 움직임에 있어서 주요한 특징과 자세, 등장인물의 개인적 신체적 특징, 연령, 표정과 감정 변화 등을 묘사해 등장인물들을 잘 변별하고 이해할 수 있도록 한다.

인물은 화면해설 내용 중 가장 중요한 부분이며, 청취자의 마음의 눈에 가능한 한 인물을 이미지(identify)할 수 있도록 해야 한다. 장황하거나, 혼돈스러운 설명을 피해야 한다. 예를 들어 키 큰 남자, 지방 변호사 아무개 등의 수준이어서는 안 된다. 의상, 신체적인 특징, 얼굴표정, 몸짓, 인종, 나이는 중요한 인물에 대한 설명 자료가 될 것이다. 그, 그녀와 같은 일상 대화에서 사용할 수 있는 대명사의 빈번한 사용은 오히려 혼란을 줄 수 있다.

1) 인물 소개는 가능한 빨리

인물 소개 방법을 얘기할 때 기본은 '처음 나올 때 또는 가능하면 빠른 단계에서 인물의 이름과 속성을 밝힌다'이다. 인물의 나이, 외모적 특징, 복장 등 캐릭터를 설명하기 위한 정보들을 충실하게 전달하는 것이 좋다.

> 햇살이 쏟아지는 넓은 침실, 40대 나미와 남편이 잠들어 있다. 침대 옆 자명종이 울린다.
> (자명종 소리) 나미가 자명종을 끈다. 잠들어 있는 남편이 깨지 않게 조심스럽게 침대에서 일어난다.
>
> —영화 〈써니〉 중

영화 〈써니〉의 첫 장면이다. '처음 나왔을 때 가능한 한 빠른 단계에서'라는 의미는 주인공이 〈나미〉라는 것을 대사 등으로 관객에게 알려주기 전이라는 것이다. 물론 비장애인도 모르는 정보를 화면해설이 먼저 알려주어서 영화 감상의 재미를 뺏어서는 곤란하다. 그러나 누군가가 '나미'라고 부를 때까지 이 인물을 계속 '주부 또는 여자'라고 한다면 영화의 스토리 전개상 다른 인물들과 구별할 수 없게 된다. 비장애인은 이 '나미'라는 주부가 나올 때마다 '이 사람은 아까도 본 얼굴이구나'라고 의식하고 볼 여유가 있기 때문에 이름을 몰라도 몇 번 나오면 어쩌면 '이 주부가 이야기 속에서 어떤 역할을 담당하는 인물이구나'라고 중요시할 것이다. 시각장애인에게 주부만으로는 이미지가 떠오르지 않는다. 이 사람은 누구일까? 이야기의 중요

4장. 화면해설, 무엇을 설명할 것인가? 75

인물인가?라는 의문에서 빨리 벗어나 다른 대사나 화면해설 등 여러 음성정보에 집중할 수 있도록 도와줘야 한다.

대사	0:04:00~0:04:02	2	긴급환자 들어갑니다.
	0:04:02~0:04:04	2	잠깐 비켜주세요
	0:04:04~0:04:05	1	이쪽이요
	0:04:05~0:04:06	1	하나, 둘, 셋
NA	0:04:06~0:04:08	2	의사 태준이 여훈을 본다.
대사	0:04:08~0:04:10	2	-교통사고환자입니까? -네. 정신차려보세요
	0:04:10~0:04:11	1	승압제 좀 준비해주세요.
NA	0:04:11~0:04:12	1	여훈의 옷을 벗기려는 태준
대사	0:04:12~0:04:14	2	골절부위 안보이죠?;옷 좀 찢어볼까요?
NA	0:04:14~0:04:20	6	간호사가 옷을 가위로 자른다. 온통 피투성이몸, 태준이 여훈옆구리에서 반창고를 떼낸다
대사	04:20~04:21	1	이거 총상 아냐?
NA	04:21~04:23	2	여훈의 복부, 출혈과 함께 깊은 상처가 드러난다.
대사	04:23~04:26	2	선생님, 신고해야 되는 거 아니에요?
대사	04:26~04:28	2	아...예
NA	04:28~04:36	8	간호사가 나가고 여훈을 보는 태준, 단단한 구릿빛 피부, 한쪽 가슴에는 **독수리 형상과 rh+ ab문신**이 있다.

NA	11:58~12:04	6	태준이 여훈의 동공을 확인하는 척하며 형사를 살핀다.
	12:06~12:21	14	태준이 **독수리 문신 근처**에 붙여진 심전도 패치를 본다. 심전도 기계를 보고 형사 눈치를 본다. 형사가 고개 돌릴 때 패치를 재빨리 떼낸다... 심전도기계 소리가 나자 놀라는 김형사
	12:22~12:27	5	-뭐에요? -일시적인 쇼크 같아요. -예? -거봐요, 내가 확인해봐야 된다니까!
NA	12:27~12:32	7	침대를 싣고 엘리베이터에 탄 태준, 7층 버튼을 누른다. 닫히는 문 사이로 들어오는 손, 김형사다.

비장애인도 모르는 정보를 미리 알려 줄 필요는 없지만 비장애인들은 이미 그 인물에 대한 시각 정보를 통해 다른 사람과 구분하고 있기 때문에 화면해설에서는 시각장애인들을 위한 인물 정보는 늦지 않게 제공해야 한다.

단, 연출상의 의도가 있을 때는 이름을 복선으로 남겨두기도 한다.

또한 여러 명이 동시에 얘기할 때는 누가 얘기하고 있는가를 명확히 하는 것이 중요하다. 간혹 반복해서 나올 때는 일반적으로 대명사를 써주는 것이 도움이 되기도 한다. 그래야 시각장애인들은 누가 뭘 하는지 혹은 누가 말하는지가 헷갈리지 않는다.

화면해설에서 인물/대상에 대한 정보가 부족할 경우 관객들은 극의 흐름을 이해하는데 혼란을 겪게 된다.

일반적으로 주요 등장인물을 초기에 밝히는 것이 관객들이 사건에 집중할 수 있게 해주지만, 영화 속에서 나중에 밝혀 깜짝 놀래키려는 의도가 있을 경우에는 먼저 밝혀서는 안 된다.

등장인물의 정체를 알려줄 시점이나 부가 정보를 주는 것, 또 미리 정보를 주는 것 등은 판단의 문제이다. 하지만 이 정보가 절대로 플롯을 앞서 해석하거나 누설하는 수준이어서는 안 된다.

영화 〈끝까지 간다〉(2013, 감독 김성훈)

| 소리 | 03:14 | 10 | *(소리 : 안전벨트 푸는 소리)* |
| 소리 | 03:21 | 7 | *(소리 : 차 문 닫는 소리)* |

NA	03:33	8	사고로 경황이 없는 건수는 차 밖으로 나와 중앙선을 넘어 전봇대 쪽에 엎드려 쓰러진 사람을 향해 뛴다.
대사	03:34	16	*고건수 : 아저씨..*
NA	03:35	1	건수는 허리를 숙이고 두 팔을 앞으로 뻗어 쓰러진 사람을 뒤집는다.
대사	03:38	1	*고건수 : 아저씨*
NA	03:39	7	건수는 피 범벅이 된 쓰러진 사람을 보고 놀라 뒤로 물러났다가 다시 다가간다. 쓰러진 사람은 남자로 **상의는 점퍼를 하의는 양복바지를 입고 구두를 신고 있다.**

2) 인물의 행동에 대한 설명

① 화면해설은 가능하면 화면(영상)을 거울처럼 행동을 묘사해야 한다.

동작의 범위나 방향, 행동으로 인한 결과 등이 잘 설명되어야 인물과 관련한 갈등과 사건의 진행을 이해할 수 있다. 해설이 들어갈 마땅한 공간이 없을 때는 가끔은 행동/동작의 방향이라도 제시해줘야 한다.

영화 〈써니〉(2011, 감독 강형철)

	0:14:10~0:14:31	21	상미패거리가 뒷자리로 가는 나미를 흘겨 본다. 나미가 장미 옆에 앉는다. 나미가 주변 학생들이 책상에 걸어둔 나이키 가방과 신발을 본 뒤 자신의 발을 슬쩍 책상 안쪽으로 숨긴다.
	0:14:31~0:14:33	2	차렷 경례. 감사합니다.
	0:14:33~14:42	9	선생님이 출석부를 들고 교실을 나가자 상미 패거리가 나미를 향해 다가온다.
	0:14:42~0:14:47	5	나미가 겁먹고 있다.

영화 〈끝까지 간다〉(2014, 감독 김성훈)

	27:04		낮, 명진빌딩 골목 옆으로 난 길 주변을 찬찬이 둘러보는 영주 구석 바닥에서 핏자국을 발견한다. 쪼그려 앉아 유심히 들여다보는 영주. 빌딩 벽은 부당경매를 반대하는 벽보로 가득하다. 뭔가 미심쩍어하는 영주, 맞은 편 벽으로 이동한다.
	27:28		철문에 다가가 냄새를 맡는다. 김형사와 통화하는 영주
	27:39~27:40	1	지문 감식 결과 나왔습니다.
	27:40~27:41	1	
	27:41~27:48	7	이름은 백여훈이구요 나이는 마흔, 철원에서 특전사 하사관으로 복무하다가 10년 전에 제대했구요.
	27:48~27:49	1	
	27:49~27:57	8	-보니까 최근까지 동남아쪽에서 용병으로 일을 했네요 -용병? 야 야 이거 넘겨 -예 -잠시만요 예
	27:57~27:58	1	
	27:58~28:01	3	호크블렛이라고 우리나라에 하나 있는 민간 군사 기업이구요
	28:01~28:02	1	
	28:02~28:06	4	10년 용병생활 마치고 국내에 3개월 전에 들어온 걸로 나오구요
	28:06~28:07	1	
	28:07~28:15	1	-야 백여훈 신상 광수대 넘기지 마 -예? -넘기지 말라구
	28:15~28:30	15	영주가 전화를 끊고 차에 올라탄다. 표정이 무겁다. 여훈의집, 식탁위에 놓인 잡지책에 메모를 본다 (명진빌딩, 408호 장사장..)
	28:30~28:32	2	장사장
	28:32		잠시 생각에 잠기는 여훈, 책상 서랍을 열어 명함 뭉치를 꺼내들고 한장 한장 넘기며 살펴본다
	28:44		인력개발 명함 네 장을 손에 든 여훈. 문 열리는 소리에 맥스가 짖는다. 현관문을 향해 짖는 맥스, 여훈이 급히 몸을 피한다.

② 인물의 움직임과 관련된 소리에 대한 정보를 전달한다.

영화〈끝까지 간다〉(2013, 감독 김성훈)

	30:19		낮, 쇼핑몰 안, 태준이 인파속에서 주변을 둘러본다, 핸드폰이 울린다.
	30:24~30:32	8	-여보세요? -왜 혼자야? -그 사람은 지금 움직이기 힘든 상태라고 했잖아요 -거짓말 하지마! 씨발 -거짓말 아니에요 제가 왜 거짓말을
	30:32~30:34	2	~~끊어진 전화기를 본다~~ 전화가 끊어진다.
	30:34~30:36	2	여보세요
	30:36~30:38	2	테이블에서 포크를 슬쩍 들고 가는 납치범
	30:38~30:39	1	이씨
	30:39~30:41	2	한편, 도로, 킬러가 성훈의 휴대전화 위치 추적앱을 보고 있다.
	30:41~30:42	1	야
	30:42~30:43	1	
	30:43~30:44	1	빨리 서둘러
	0:30:45~0:30:57	12	속도를 높이는 킬러들, 추격하는 여훈 킬러들을 따라 함께 움직이며 도로를 질주한다.
	0:30:57~0:31:04	7	쇼핑몰, 두리번거리는 태준 뒤에 바짝 붙어 포크로 위협하는 납치범
	31:04~31:23	19	-형 어딨어 안내해 거기 형 없으면 여자 죽는다 -형 이라구요? -빨리 안내하라구 -희주 어딨습니까? 먼저 보여줘요
	31:23~31:33	10	납치범이 에스컬레이터 타고 오는 킬러들을 발견하고 기겁하고, 포크를 떨어뜨리고 도망치기 시작한다. 태준도 성훈을 쫓아 달린다.
	31:33~31:34	1	거기서 거기 서 이 새끼야
	31:34~31:46	12	성훈이 북적거리는 광장의 인파를 뚫고 달려간다 성훈 뒤로 태준이 쫓아 달리고 킬러들이 뒤쫓는다.
	31:46~31:47	1	거기 서

홍조 : 자..돌아.. 죄인은 도는 거야. 자.. 똑바로 차려..눈감고 움직이
지마. 움직이면 다친다. 힘줘 꽉!
(바로) 치는 순간 사과 반이 날아간다.
─〈마더〉

도진에게 사과를 물리고 어떤 동작을 취했는데 사과 반쪽이 날아갔는지를 '치는 순간'이라고만 설명했다고 하자. 홍조가 무엇으로 어떻게 쳤는지 알 수가 없다. 따라서 "눈 깜짝할 사이에 홍조의 발이 사과 반쪽을 날려버린다"로 좀 더 부연설명이 필요하다.

비서 : 안계시다니까요!
엄마 : 계시죠.
─〈마더〉

엄마와 비서가 옥신각신하는 상황에서 변호사가 뒤로 지나간다. 이러한 모습이 해설되지 않으면 엄마와 비서가 왜 위와 같은 대화를 나누고 있는지를 알 수 없다. 그렇기 때문에 스토리의 전개와 관련한 인물의 행동에 대해서는 좀 더 상세한 해설이 필요하다.

3) 인물의 감정이나 표정

화면해설의 목적은 **영상을 구체적으로 시각화**하는 것이다. 즉 화면해설은 인물과 사건, 배경 등을 통해 구체화되는데, 스토리에 몰입하기 위해서 중요한 부분은 인물의 외적 및 내적 모습을 정확하게 표현해내야 한다. 인물의 동선이나 표정은 영화나 드라마에서 가장 비중을 차지하는 부분이기도 하기 때문이다.

인물의 표정이나 행동은 비교적 객관적으로 인지할 수 있는 것이기 때문에 가급적 보이는 대로 직접 표현해주어야 한다.

4장. 화면해설, 무엇을 설명할 것인가? 81

등장인물의 감정을 주관적으로 표현하는 것은 좋지 않다 .

영화〈끝까지 간다〉(2013, 감독 김성훈)

NA	04:46	2초	(멀리서)순찰차의 ~~불빛이~~ 다가온다. (전조등을 켠 순찰차가 다가온다)
대사	04:48	4초	민아 : 아빠 건수 : 어, 민아야 아빠 나중에 전화할게
NA	04:52	35초	건수 급히 전화를 끊고, 남자의 시체를 끌고 도로 가장자리에 쌓인 야적물 더미 뒤로 몸을 황급히 숨긴다. 그 모습을 강아지가 파수꾼처럼 지켜보고 있다. 건수는 숨을 헐떡거리며 공포에 질린 표정이다. 그때 전화벨이 한 번 희미하게 울리다 꺼진다. 건수는 ~~경찰차가 크를 발견하지 못하고 그냥 지나가길~~ 초조하게 기다린다.
대사	05:27	2초	건수 : 아이씨

낙담하고 → 어깨를 축 늘어뜨리고

동요하고 → 시선을 피하고(눈길을 돌리다)

본인이 아니면 알 수 없는 감정의 영역에서 벗어나 객관적으로 알 수 있는 동작과 몸짓으로 설명해야 한다. 즉 보이는 대로 해설해야 한다.

슬프다 → 울음 섞인 목소리로/눈물을 머금고/ 울며/우는 얼굴로(울상으로)/ 눈을 적시며/(눈물을)주룩주룩 흘리며/ 훌쩍거리며

이렇게 표정이나 행동, 심리적 상태는 보는 사람마다 조금씩 다르게 느낄 수 있기 때문에 직접적인 것 보다는 **에둘러서 표현**하기도 한다. 인물의 표정을 효과적으로 표현하기 위해서는 직접적으로 표현하기보다는 **비유를 통해 간접적으로 묘사**하기도 한다. 예를 들면 '벌레 씹은 표정'이라든가, '울먹일 듯한 얼굴' 또는 '마치~하다' 등등.

한편 인물의 감정이나 심리상태에 대해서는 작가의 주관적인 요소가 개입될 수 있기 때문에 화면해설을 할 때 좀 더 조심스러운 편이다. 심리적 상태의 경우는 보는 사람에 따라 각자 다르게 받아들일 수가 있기 때문에 누가 봐도 확실한 경우를 제외하고는 절대 단정 지어 설명하지 않는 것이 좋다. 인물의 심리에 대해서는 구체적으로 서술하지 않는다. 다만 **행동과 표정을 설명**하는 것으로 감상자가 짐작할 수 있도록 돕는다. 확실한 경우가 아닌 경우에는 **단정적 묘사를 경계**하고 가능한 객관성을 유지하고 간접적으로 표현한다.

객관성을 유지하기 위한 방안으로 구체적인 심리상태를 설명하기 보다는 행동과 표정을 비교적 자세하게 묘사함으로써 시각장애인들이 인물의 감정과 심리를 추측, 상상하게 만드는 방식을 취하기도 한다. 화면에 나타나는 인물의 표정이 심리적 상태를 나타내는 경우에는 그 표정과 심리 상태를 같이 해설한다. 그리고 심리적 상태 때문에 행해지는 행동에 대해서는 심리 상태와 행동을 같이 해설한다. 예컨대, "짜증이 나서 머리를 쥐어뜯는다" 식으로 쓰는 것도 방법이 된다.

객관적으로 행동을 묘사하는 것만큼 감정도 객관적인 전달이 중요하다. 심리는 등장인물의 얼굴 표정을 묘사하는 것이나 행동을 설명하는 방식으로 간접적으로 제시한다. '화가 나 있다'가 아니라 '화가 난 것을 주체하지 못하는 듯 몸을 부르르 떤다'는 식으로 돌려서 해설하면 객관성을 담보할 수 있게 된다.

또한 인물의 내적 심리상태를 드러내는 또 다른 방식은 그의 행동을 묘사함으로 이루어진다. 이 경우에도 단정적이기 보다는 비유적으로 표현하는 경향을 보인다. 예컨대, '~듯'을 통해 간접적으로 감정과 심리 상태를 보여 주는 경우도 있다.

"어이없는 듯 코웃음을 친다" "한심한 듯 OOO을 바라본다"
"쑥스러운 듯 미소 지으며 받아 든다" "어이없는 듯 보고 서 있다"

예를 들어 'OOO이 천천히 눈을 감았다 뜬다'는 문장이 있다. 동작의 상황은 인물이 주어진 상황에서 심리적인 변화로 이어지는 사전 단계로 동작으로 짐작할 수 있는 행동(셔레이드)이다. 단순하게 눈을 감았다 뜰 수도 있지만 결심의 내용이 어떤지에 대해서는 스토리의 앞뒤 맥락에서도 짐작할 수 있고, 인물의 표정으로 드러날 때도 있다. 가급적 인물의 심리상태가 표현될 수 있도록 "포기한 듯 눈을 감았다 뜬다"내지 "체념한 듯 눈을 감았다 뜬다", "결심한 듯 눈을 감았다 뜬다"라는 식으로 화면에 비쳐진 인물의 표정을 통해 설명해야 한다.

4) 의태어와 의성어의 활용

의태어는 화면해설에서 중요한 표현 방법 중 하나이다. 인물의 움직임을 의태어로 묘사해서 그 인물의 행동거지가 드러나고 또 거기에서 성격이 드러나기 때문이다. 의태어는 시각장애인들에게 상상력을 고취하고 시각적 연상을 불러일으키는 효과적인 단서가 되기 때문에 영화를 이해하는데 좋은 효과를 거둘 수 있다. 정상인들도 누군가에게 무엇을 설명할 때 의태어를 쉽게 사용하고, 또, 그게 전달력이 더 좋은 경우도 많기 때문에 화면해설에서도 실감나는 표현이 필요할 때 의태어를 사용하는 경우가 많다. 예컨대 '거북이처럼 느릿느릿, 또는 엉금엉금, 빠끔히, 삐죽' 등등…. 방송용어가 허용되는 범위 안에서 주로 사용된다.

실제로 시각장애인들을 대상으로 한 모니터에서 누구나 알고 있는 익숙한 의태어로 화면해설을 표현했을 때, 행동이나 어떤 사물의 움직임에 대해 상상을 하고 이해하는데 도움이 된다고 한다.

다만 그 경우에도 단어의 선정에 신중해야 한다. 의태어는 주로 짧은 시간 내에 장면을 효과적으로 표현하고 싶을 때나 영상을 좀 더 생동감 있고 재미있게 표현하고 싶을 때 사용하지만, 시각장애인들이 의태어를 들었을 때 그 이미지를 어떻게 떠올릴지 모르기 때문에 조심스러운 경우도 있다.

의태어를 많이 쓰되 시각장애인들에게 익숙하고 보편적이며 알기 쉽도록 구체적으로 설명해야 한다. 비유를 할 때도 머리통만한 크기, 무릎 높이, 손가락만한 길이, 주먹만 한 크기 등으로 설명한다. 의도한 바와 다른 이미지를 떠올린다면 느낌이 완전히 달라질 수 있기 때문에 꼭 필요한 경우가 아니면 되도록 일반적으로 많이 쓰이는 단어들만 사용하고 있다.

거리와 넓이, 크기 등과 같은 넓은 의미로 '입체감'의 문제도 있다. 비장애인은 어느 방이 비춰지고 있으면 '아, 여기 방이 있구나'라며 방의 존재 자체를 당연하게 받아들인다. 그러나 시각장애인에게는 이 '당연하다'가 통용되지 않는다. 어느 정도의 크기인지 알지 못한다. 달리 생각하면 이쪽이 더 당연한데 화면해설작가는 그것을 잊어버린다. 그렇다고 해서 무엇이든지 입체감을 설명하면 좋다는 것은 아니지만 '거리, 넓이, 크기가 어떤 의미를 가질 때', '구체적인 거리, 넓이, 크기를 명시하는 것이 이미지로 떠올리기 쉬울 때'는 설명하는 것이 좋다.

반면 의성어는 의태어에 비해 그리 활용하지 않으며 되도록 원음 그대로 들려준다. 군더더기가 될 가능성이 높기 때문이다. 대부분 의성어는 생략하더라도 이미 화면에서 효과음이나 배경음이 나오기 때문에 그 소리를 살려주는 것이 의성어를 쓰는 것보다는 효과적이다. 의성어는 효과음을 그대로 살려준 뒤에 무슨 소리였는지 알려주거나, 소리가 나기 전에 상황을 설명하는 것으로 그 소리가 무엇이었는지 알게 하는 방법을 사용한다.

5) 상황과 사건의 묘사(situation)

상황과 사건에 대한 화면해설의 묘사는 풍경을 사생화로 그려내듯 객관적 기술(description)에 의존한다. 반면 영화나 드라마의 경우, 다큐멘터리보다 주관적 창작이 좀 더 개입될 소지가 있다. 특히 대사 없이 영상과 음향만으로 상황과 사건을 장시간 전달하는 경우, 화면해설의 비중과 역할은 보다 큰 의미를 갖게 된다. 예컨대 〈계백〉의 도입부의 전투장면은 거의 대사가 없이 행동으로 구성된 영상이다. 이러한 전투 장면은 드라마의 재미를 이루는 큰 축이라 할 수 있는데, 시각장애인에게 그에 대한 시각적 연상을 불러 일으킬 수 있도록 마치 소설의 한 장면처럼 생생하게 그 상황을 묘사해야 할 필요가 있다. 바로 이 부분이 화면해설작가의 창작적 요소가 개입될 수 있는 지점이라 하겠다.

"형체 없는 바람 한 줄기가 야생화가 지천으로 피어있는 황산벌 언덕을 쓸고 지나간다. 그 언덕에 홀로 서 있는 소나무 아래, 갑옷차림의 계백이 말을 세워 놓고 앉아 있다. 얼굴엔 짙은 피로감이 그림자처럼 드리워져있고 틀어 올린 긴 머리는 격전의 흔적을 말해주 듯 여기저기 잔머리가 튀어 나와 있다. 나무엔 범상찮은 모양새의 대도가 세워져있다.
(중략)
백제군은 또 다시 전열을 가다듬고 일사분란하게 한데 모여서 방패로 벽을 만든다. 방패 벽을 사이에 두고 치열한 백병전이 펼쳐진다. 백제군은 옆에 동료가 창에 목을 찔려 절명하자 힘차게 칼을 휘둘러 적의 목을 그어버린다. 장수들 또한 눈앞에 에워싸고 있는 신라군들을 잡아서 무서운 기세로 벤다. 날 선 무기들이 닥치는 대로 상대방을 가르고 찌르는 가운데 피와 살점이 난무한다. 피를 뿜으며 쓰러진 군사들은 고통 속에서 꿈틀댄다."

 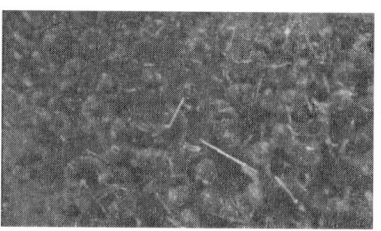

멜로드라마는 상대적으로 사건 중심이기보다는 인간관계에 초점을 두기 때문에 이러한 전투장면과 같은 무(無)대사의 상황을 표현할 여지가 적다. 하지만 때때로 그런 시도가 이루어지기도 한다. 예컨대, 〈천 번의 입맞춤〉의 마지막 장면에서 대사가 배제된 채 주인공 주영과 우빈이 우연히 만나는 장면에 대한 묘사 역시 화면해설작가의 창작력을 발휘할 수 있는 부분이다.

우빈이 엘리베이터에서 내려 로비를 향해 걸어 나온다.
같은 시간 주영이 외등이 밝혀진 건물 밖을 나서고 있다.
주영이 개울을 따라 이어진 생태공원 오솔길을 음미 하듯 느릿느릿 걸어간다.
주영이 주변 경치를 바라보고 미소 지으며 천천히 나무다리로 접어든다.
개울 건너 오솔길에선 우빈이 천천히 걸어온다.
다리를 건너는 인기척에 서로 고개를 돌리던 두 사람이 그 자리에 얼어붙는다.

4장. 화면해설, 무엇을 설명할 것인가? 87

주영의 동공은 놀라서 크게 열리고 우빈도 믿을 수 없다는 눈으로 주영을 바라본다.

눈앞에 보이는 얼굴이 현실 같지 않은 듯 우빈이 주영을 향해 한 걸음 다가선다.

N/A	0:24:23~0:24:28	4	보험회사. 담당자가 실적그래프 앞에 서있다.
	0:24:28~0:24:51	22	담당자 : 자~ 요런거 요런거! 본 받으셔야겠죠? 곽향숙씨도 많이 좋아지셨어요~ 그리고 김연정씨 잘하셨는데 조금 분발하십시오~ 고순녀 설계사님. 박수 한 번 부탁드릴께요. 보험퀸 되셨습니다. 다들 본 받으세요. 네~ 김장미 설계사님.
N/A	0:24:51~0:24:53	1	화를 참는 담당자.
	0:24:53~0:24:54	0	담당자 : 김장미 설계사님.
	0:24:54~0:24:55	0	장미 : 네….
	0:24:55~0:24:57	1	담당자 : 아시죠?
	0:24:57~0:24:58	0	장미 : 알죠…
	0:24:58~0:24:59	0	담당자 : 힘내세요~
	0:24:59~0:25:02	2	장미 : 힘내야죠.
	0:25:02~0:25:04	1	담당자 : 너무 눈에만 힘내시는거 같습니다~
	0:25:04~0:25:07	2	장미 : 특정 신체부위를 언급하시는건 부당하다고 생각됩니다.
N/A	0:25:07~0:25:11	3	실적 그래프를 가르키는 담당자.
	0:25:11~0:25:20	8	담당자 : 부당은 이게 부당한거죠~ 그죠? 웃지들 마십시오~ 남이야기 아닙니다~ 다음은 김명숙 설계사님~

해설자는 명확한 것에 대해 언제 설명을 하고 언제는 하지 않는 것이 더 도움이 될 지에 대한 감이 있어야만 한다. 하지만 프로그램이나 영화의 흐름에서 꼭 필요하지 않은 정보는 걸러낼 줄도 알아야 한다.

정경을 해설할 때는 먼 것(배경), 눈에 띄는 것(큰 것), 가까운 것, 눈에 띄지 않는 것(작은 것)의 순서대로 한다. 스크린에 나타나는 사건과 사물, 거기서 전개되는 사태를 알맞게 설명하면 좋지만 스토리에 직접 관계가 없어도 확실하게 보이면 가급적 묘사하는 것이 필요하다. 정보의 우선 순위를 정리해보면 다음과 같다.

① 때/시간: 앞 장면에서 시간이 뛰어 넘은 경우에는 그것을 알려준다.
② 장소: 넓은 장소에서 좁은 장소 순으로 정리한다.
③ 소리: 배우의 움직임과 관련된 소리(책을 바닥에 떨어뜨린다, 가방 지퍼를 여는 등)의 출처는 물론 배우의 움직임과 관계가 없어도 신경이 쓰이는 소리(나뭇가지가 창문을 스치는 소리, 싱크대에서 물방울이 퐁퐁 떨어지는 소리) 등 가능한 만큼 설명한다.
④ 지시어: 대사 중에 나오는 이것, 저것, 저기 등의 의미를 보충한다.
⑤ 무음 속에서 일어난 사건, 동작, 정경

〈사례 1〉

NA	00:00:01	6	이 프로그램은 미래창조과학부의 방송프로그램 제작지원 사업을 통해 제작 되었습니다.
NA	00:00:07	5	2013 KBS 극본공모 최우수 당선작
대사	00:00:12		지혜: 여기다가 C를 대입하고
NA	00:00:14	14	(대사 듣고 바로) 여고생 지혜의 방. 6월 저녁. 한 쪽 벽에 영어 경시 대회 상장이 걸려있다. 그 옆에 영국 록밴드 오아시스의 포스터가 가득 붙어있다. 벽에 정면으로 놓인 책상 앞에 앉아 지혜가 수학문제를 풀고

4장. 화면해설, 무엇을 설명할 것인가? 89

			있다.
대사	00:00:28		맴 맴 맴~~~ (매미소리)
대사	00:00:34		지혜: 하아~ (한숨소리)
NA	00:00:35	3	열린 창밖을 쳐다보고 한숨 쉬는 지혜.
대사	00:00:38		지혜: 여기에 코사인 넣고
NA	00:00:40	12	지혜가 공부를 하다가 갑자기 멈춘다. 인상을 찌푸리더니 벌떡 일어나는 지혜. 매미소리가 들리는 창밖으로 얼굴을 내밀고 소리친다.
대사	00:00:52		지혜: 아 조용히 좀 해, 조용!
NA	00:00:58	8	다시 자리에 앉는 지혜. 흡족한 미소를 지으며 다시 공부를 시작한다.

〈사례 2〉

00:00 ~ 00:02	2	액자에 대상이라고 보이는 상장이 벽에 걸려 있다.
00:02 ~ 00:07	5	"여기에다 C를 대입하고 그리고 코사인A.."
00:07 ~ 00:10	3	벽면에 가수 오아시스의 포스터가 잔뜩 붙어있고 지혜가 책상에서 공부를 하고 있다.
00:11 ~ 00:12	1	"코사인 A?"
00:12 ~ 00:15	3	책장에는 책들이 꼽혀 있고 지혜는 스탠드를 켜두고 늦게까지 공부중이다.
00:15 ~ 00:22	7	창밖에서 들리는 매미소리 그 매미소리가 거슬리는지 지혜가 창밖을 쳐다 본다.
00:22 ~ 00:23	1	지혜 머리를 팔에 기댄다.
00:24 ~ 00:25	1	"하,,"
00:26 ~ 00:27	1	지혜는 다시 공부를 하려고 한다.
00:28 ~ 00:30	2	"이게 코사인 이고"
00:31 ~ 00:40	9	매미 울음 소리가 들리고 인상을 쓰는 지혜
00:40 ~ 00:41	1	창문에 기대어 있는 지혜
00:42 ~ 00:44	2	"아 조용히 좀 해! 조용!"
00:45 ~ 00:47	2	개 짖는 소리만 들린다.
00:48 ~ 00:51	3	책상에 앉아 창밖을 째려보는 지혜
00:52 ~ 00:55	3	더 이상 매미 울음 소리가 들리지 않자 만족해 하는 표정을 지으며 공부를 하려고하는 지혜

〈사례 3〉

구분	시간	간격	대사/ 화면해설
해설	00:00:00~00:00:10	10"	[자막] KBS드라마스페셜 다르게 운다 이 프로그램은 미래창조과학부의 방송프로그램 제작 지원 사업을 통해 제작되었습니다. 2013 KBS극본공모 최우수 당선작
해설	00:00:10~00:00:12	2"	영어 경시대회 대상 상장이 벽에 걸려 있다.
대사	00:00:13~00:00:16	3"	지혜 (혼잣말로) 여기다가 c를 대입하고, 마지막으로 코사인a…
해설	00:00:17~00:00:20	3"	벽면에 영국 가수 포스터가 잔뜩 붙어있고 지혜가 책상에서 공부를 하고 있다.
대사	00:00:21~00:00:22	1"	지혜 코사인 a?
해설	00:00:23~00:00:27	4"	책장에는 책들이 꽂혀 있고 지혜는 스탠드를 켜두고 늦게까지 공부중이다.
해설	00:00:28~00:00:33	5"	창밖에서 들리는 매미소리. 그 매미소리가 거슬리는지 지혜가 창밖을 쳐다본다.
해설	00:00:34~00:00:35	1"	지혜, 머리를 팔에 기댄다.
대사	00:00:36~00:00:37	1"	지혜 하…
해설	00:00:38~00:00:39	1"	지혜는 다시 공부를 하려고 한다.
대사	00:00:40~00:00:42	2"	지혜 이게 코사인 이고..
해설	00:00:43~00:00:50	7"	매미 울음소리가 들리고 인상을 쓰는 지혜
해설	00:00:51~00:00:53	2"	지혜가 창문에 기대어 있다.
대사	00:00:54~00:00:55	1"	지혜 (버럭) 아 조용히 좀 해! 조용!
해설	00:00:56~00:00:58	2"	개 짖는 소리만 들린다.
해설	00:00:59~00:01:02	3"	책상에 앉아 창 밖을 째려보는 지혜
해설	00:01:03~00:01:06	3"	더 이상 매미 울음소리가 들리지 않자 만족해하는 표정을 지으며 공부를 하려고 하는 지혜

영상에 나타나는 사건과 사물, 전개되는 상황에 대한 정보를 전달해야 한다. 대상의 경우, 화면의 주체, 주연 등장인물 이외에 대상들의 활동 행태,

위치의 변화 및 반응 태도 등을 설명한다.

☞ **복선**이란, 미래에 일어날 일을 암시해주는 것을 말한다. 소위 복선을 깐다는 것은 미래에 일어날 일에 대한 모티브 및 인과관계를 주기 위한 사전 작업이다. 소도구, 지문의 상황설정, 대사로도 가능하다. 이때 카메라의 구도를 볼 줄 알아야 한다. 클로즈업 샷이 나올 경우, 영상의 흐름을 놓치지 않고 읽어낼 수 있어야 한다.

영화 〈끝까지 간다〉(2013, 감독 김성훈)

NA	0:06:26~0:06:34	8	간호사가 호흡기로 산소를 공급하고, 태준이 힘껏 심폐소생술을 하지만 신호가 들어오지 않는다.
	0:06:34~0:06:43	9	다시 한 번 심폐소생술을 하는 태준, 그제서야 바이탈 신호가 정상으로 돌아온다.
대사	06:43~06:44	1	아 됐다
NA	06:44~06:47	3	태준이 안도한다.
대사	06:47~06:49	2	10분 단위로 체크해서 알려줘요.
	06:49~06:50	1	네
NA	06:50~06:52	2	다른 간호사가 제세동기를 싣고 온다.
대사	06:52~06:53	1	-빨리도 온다
NA	06:53~06:55	2	여훈 침대에 '13번' 푯말이 붙어있다.
NA	08:33~08:35	2	희주가 사라졌다.
	08:39~08:46	6	거실 바닥에 흩어진 알약사이에 놓인 휴대전화가 울린다. 전화받는 태준
대사	08:47~08:50	1	아아악
	08:50~08:52	2	희주.. 희주야
	08:52~08:54	2	조용히해
	08:54~09:02	8	지금.. 지금부터 내 말 안 들으면 이 여자 죽는다.
NA	09:02~09:03	1	야상차림의 납치범
대사	09:03~09:05	2	도대체 원하는게 뭡니까?
	09:05~09:07	2	13번 옥
	09:07~09:09	2	13번 환자
	09:09~09:13	4	병원 밖으로 데리고 나와
	09:13~09:18	5	-네? -실패하거나 경찰에 신고하면 씨발.
NA	09:18~09:21	3	야상 모자를 쓴 납치범이 숨을 몰아쉰다.
대사	09:21~09:24	3	여보세요! 여보세요.. 여보 여보 여보세요

시간	초	내용
16:22~16:30	8	아래 층 계단에 있던 여훈은 인기척을 듣고 조심히 빠져나간다. cctv 관제실
16:30~16:37	7	-저기 휠체어 -저기 휠체어 좀 잡아 주세요. -네 확대했습니다. -별관으로 넘어가고 있습니다.
0:16:37~0:16:53	16	급히 (관제실을) 나가는 영주, 외과 병동, 태준이 복도를 훑으며 여훈을 찾는다. 반대편 건물에 노인이 탄 휠체어를 미는 여훈을 발견한다! 허겁지겁 반대편 건물로 뛰어가다 자신을 찾는 김형사를 보고 멈춰선다.
16:53~16:55	2	의산데... 여기 피가...
16:55~16:56	1	태준이 돌아선다
16:56~16:57	1	-피 난 사람 못 봤어요 -네
16:57~17:00	3	야 너 오늘 비번 아니야? 야 야!
17:00~17:01	1	태준이 동료를 뿌리친다
17:01~17:04	3	아 됐습니다. 아이고 고맙습니다.
17:04~17:09	5	휠체어 노인과 헤어지는 여훈. 서둘러 계단을 내려가다 영주는 사람과 부딪힌다.
17:09~17:11	2	-죄송합니다.
17:11~17:21	10	영주는 여훈을 찾고, 여훈은 영주와 엇갈려 지나간다. 문을 열어보지만 닫혀있다. 복도 막다른 곳 통제구역에서 여의사에게 저지당한다.
17:21~17:23	2	누구세요? 여기 들어오시면 안되는데
17:23~	2	여훈이 방향을 바꿔 돌아간다(복도끝에서 돌아나온다)
17:25	12	앞으로 가던 영주가 다시 뒤돌아 온다. 영주가 자기 앞으로 지나가는 여훈의 뒷모습을 본다. 권총을 꺼내 들고 여훈을 뒤쫓아 간다.
17:37	3	영주가 여훈을 벽으로 밀친다
17:40	3	여훈이 영주를 벽으로 밀지만 영주 손에 제압 당한다.
17:43	3	머리에 총을 겨눈다.
17:46~17:47	1	명진 빌딩 너지?
17:48		여훈이 총을 든 영주 손을 낚아챈다.
17:53		제압당한 손을 푸는 영주, 복부를 가격하고 벽으로 밀어붙여 여훈에게 수갑을 채우고 자신과 연결시킨다.
18:01~18:07	6	-나도 쫓기고 있어 -뭐? 이 새끼가 지금 뭐래는 거야?

	18:07~18:17	10	틈을 보던 여훈, 팔꿈치로 뒤에 있던 영주의 얼굴을 가격한다. 영주 무릎을 타격해 바닥에 꿇려 제압시킨다. 바닥에 고꾸라지는 영주
	18:17~18:19	2	놔, 놔!
	18:19~18:20	1	연결된 수갑을 푸는 여훈
	18:20~18:22	2	놔!
	18:22~18:31	9	영주의 손목을 끌고 가 벽 쇠난간에 수갑으로 연결하는 여훈, 영주가 총을 주우려 하자 발로 차버리고 간다. 쫓아가려는 영주
	18:31~18:32	1	야 이 새끼야!
	18:32~18:33	1	쇠 난간에 수갑이 걸려 갈 수가 없다.
	18:33~18:35	2	거기 서! 거기 서!
	18:38	15	여훈이 병원 별관으로 들어선다 주위를 살피다 출입문에 있는 경찰들을 발견한다. 바로 다른 방향으로 피한다.
	18:53	12	여훈이 복도 창문을 연다. 창문 난간에 올라서 아래를 내려다 보고는 거침없이 2층 높이 난간을 건너간다. 병원 건물을 잇는 바둑판 모양 난간 위를 걸어가는 여훈
	19:05	6	이때 태준이 다급하게 병원 밖으로 나온다. 난간 위에 있는 여훈을 본다. 여훈도 아래 있는 태준을 본다.
	19:11	5	난간을 올려다 보며 여훈을 쫓는 태준
	19:16	4	건물 밖으로 착지하는 여훈. 태준이 보고 쫓아간다.
	19:20~19:22	2	이 새끼야! 거기 서!
	19:24~	11	건물 뒤를 돌아 쫓아온 태준, 도로로 달려나온다. 사방을 살펴보지만 여훈은 보이지 않는다. 절망적인 표정으로 울먹이는 태준.
	19:35~19:36	1	씨발

 기타 알 수 없는 동시에 발생하는 잡음, 자막, 부호, 의미 있게 쓰인 글이나 상징들, 그리고 시작과 끝을 알리는 것들을 해설해야 한다. 해설은 매 순간 이해가능한 소리 효과가 있어야 하며, 청각적 감성을 유발할 수 있도록 하고 등장인물의 특징과 이름들을 미리 설명한다. 화면해설을 하지 않는 경우는 대화 중 효과음, 자체가 의미 있는 음악 등이다.

5장. 화면해설, 어디까지 설명할 것인가?

무엇을 설명할 것인가가 정해지면, 다음으로 그것을 어디까지 설명할 것인가에 대한 고민이 필요하다. 작가는 스크린에 보이는 모든 것들을 객관적으로 전달하도록 애써야 한다.

화면해설은 기본적으로 시각적 정보를 접할 수 없는 시각장애인들에게 충분하고 정확한 언어적 정보를 제공해야 되기 때문이다.

영화 〈선물가게를 지나야 출구〉(2010, 감독 뱅크시, 미국)

그래피티 아티스트 '뱅크시'가 감독, 주연을 맡은 다큐멘터리 영화 〈선물가게를 지나야 출구〉는 루브르와 대영박물관에 자신의 작품을 게릴라 전시, 체포한 팔레스타인 테러리스트들을 격리시키기 위해 이스라엘이 쌓은 거대한 장벽에 평화의 염원을 담은 벽화를 그리는 등 저항적인 작품 활동을 펼쳐왔다. 자신의 신분을 철저히 숨기는 것으로 유명한 뱅크시가 거리미술 다큐 감독을 꿈꾸는 티에리의 카메라에 등장하게 된다.

세계적인 그래피티 아티스트 뱅크시의 오프닝 시퀀스다.

시간 제한이 없다면 이 장면에 대한 자세한 설명은 다음과 같을 것이다.

밤, 벽에 스프레이를 뿌리는 남자, 통 안에 가득한 스프레이들, 그 스프레이 뚜껑을 교체하고, 액을 옮겨 담는 남자, 스텐실할 큰 그림을 말고 있는 남자. 페인트통과 스프레이 통을 흔들어 보는 남자, 그래피티 할 준비를 마치고 밤거리로 나오는 남자

맨 손으로 건물을 오르는 남자, 벽에 스프레이를 뿌리는 남자, 분사기를 이용해 형광 스프레이를 쏘아 크게 'COMA'라고 쓰는 남자, 빌딩에 매달려 스프레이로 낙서하는 남자, 무릎을 꿇고 앉아 스탠실 작업을 하는 남자, 흰 페인트를 벽에 쏟아 붓는 남자

화염 방사기로 글을 쓰는 남자. 포스터를 붙이는 남자, 멀리 보이는 경찰차, 벽에 그림 그리는 여자, 백팩을 맨 채 스프레이로 그림을 그리는 남자, 교각에 매달려 스프레이로 작업 중인 남자. 지하도 노란 타일벽에 검은 스프레이로 낙서를 하는 남자, 운행을 멈춘 지하철에 스프레이로 그림을 그리는 무리들

인도 위에 벌레그림을 스텐실하는 남자, 광고판 속 여자의 입과 코를 오려내서 흉측한 모습을 보이게 작업하는 남자, 가로등 불빛에 비친 그림자를 따라 흰선을 그리는 남자

벽에 스프레이가 뿌려진다. 후드티셔츠를 입은 청년이 스텐실 도안에 물감통, 스프레이를 챙기고 **소화기**에 붉은색 페인트를 채워 밤거리로 나간다.
  철조망을 넘고, 벽을 타고 올라간다.
  거리 벽에 그림 그리고, 형광 스프레이로 글을 새기는 사람들.
  빌딩 벽에 매달리고, 길 가에 앉아 벽에 그림을 그린다.
  화염방사기로 그림그리는 남자, 붓으로 벽에 그림그리는 여자. 백팩을 맨 채 작업하고, 교각에 매달려 작업도 한다
  지하도 타일벽에 스프레이로 낙서하는 남자
  멈춘 지하철에 한 무리가 스프레이로 그림 그린다.
  길바닥에 벌레그림을 스텐실하고, 광고판 모델얼굴을 흉측하게 바꾼다, 가로등불빛에 비친 그림자에 테두리하고, 터널 벽, 교통표지판에 낙서하고, 벽에 그림을 붙이고 간다

하지만 화면해설에서는 이런 화면 정보를 모두 넣을 수가 없다. 시간에 맞춰서 중요한 정보 순으로 추려야 한다. 전체 스토리의 맥에 맞게 시퀀스, 씬, 샷의 정보를 일관성 있게 정리해야 한다는 뜻이다.

1. 영상에서 얻은 정보를 모두 문장으로 변환한다

영화 〈끝까지 간다〉(2013, 감독 김성훈)

〈타임체크 후 화면해설 정보정리 1〉

구분	시간	간격	대사 / 화면해설
NA		00:03	쇼박스 로고
		00:21	AD406픽처스
		00:35	다세포클럽
		00:44	암전
		00:52	제공/배급 쇼박스(주)미디어플렉스
		00:57	공동지원 OCN 외 투자지원 문화체육관광부 외 제작투자 유정훈 공동투자 강석희 외 투자총괄 정근욱, 투자기획 김도수, 투자책임 정현주 김지혜 기획/제작 차지현 장원석
NA	01:19		빛 가늘어졌다, 두꺼워졌다, 빛이 환해짐. 01:23 타이틀 끝까지 간다.
NA	01:28		어두운 밤, 젖은 도로, 헤드라이트, 건수 통화 중,
대사	01:41		건수 : 가고 있다고 자식아, 가고 있잖아, 지금. 도형사 : 그래도 어떻게 나오셨습니다, 어디십니까? 건수 : 아 몰라, 도형사 : 그냥 열쇠 둔 데만 알려주시면 제가 잘 감춰둘 수 있는데 말입니다. 건수 : 아, 키가 지금 나한테 있다니까 넌 지금 몇 번을 얘기하니, 아 진짜 야, 걔네가 언제 온다고? 도형사 : 감찰반 애들 한 시간 안으로 온다는데 아, 빨리 좀 오셔야 할 것 같습니다. 건수 : 알았다고 안달 좀 하지 말라고 새끼야. 내 금방 가니까 내 자리 건드리지 마라잉. 야 잠깐만 끊어봐

			여동생 : 오빠, 언제 와. 어른들이 상주가 자리 비웠다고 뭐라 그러잖아. 건수 : 그니까 내가 오죽하면 장례 치르다가 나오겠니, 내가. 여동생 : 도대체 뭔일인데. 건수 : 야 됐고, 나 금방 갈테니까 너 김서방이랑 잘 좀 하고 있어, 알았지. 여동생 : 효자 생색은 지 혼자 다 내더니 자리나 비우고 있고, 아, 몰라 빨랑 와. 건수 : 야 민아는? 민아는 뭐해 자? 여동생 : 오빠 새끼 잘 있다. 건수 : 아 이게, 야 곧. 아 나 진짜 좋게 얘기하려고 해도 도움이 안 되네
소리	02:40		빵빵
대사	02:48		건수 : 아 저 개새끼 미쳤나 진짜
소리	02:52		차 소리
NA	02:56		차에 부딪힘, 건수 당황, 딸 사진 흔들, 앞 유리 금, 사람 쓰러짐, 건수 벨트 풀고 나옴. (소리 03:21 차 문 닫고)
대사	03:34		건수 : 아저씨
NA	03:39		쓰러진 남자, 뒤로 물러나는 건수
대사	03:46		건수 : 저기요
NA	03:47		건수 사람 숨 쉬는지 코에 귀대고 들음, 건수 놀람 (→ 여기서부터 사람이 아닌 시체로 칭함) 시체 몸에서 피, 건수 구두바닥 피 적심, 건수 뒤 돌아봄.
대사	04:06		건수 : 으아
NA	04:08		건수 앞에 다시 나타난 개. 발밑 쪽에 자리잡고 앉음.
대사	04:17		건수 : 아 씨발!
NA	04:19		건수 전화 119 누를까 망설이는데 전화 옴
대사	04:24		(벨소리) 건수 : 어, 왜, 왜. 민아 : 아빠 난데 아빠 뭐해 건수 : 어, 민아, 민아야 민아 : 아빠 케잌 샀어? 건수 : 어? 어어.. 민아 : 사준다고 약속했잖아, 초콜렛 케잌 건수 : 아 그거 아, 아. 초콜렛 케잌 민아 : 아직 안 샀어?

NA	04:46	경찰차
대사	04:48	민아 : 아빠 건수 : 어, 민아야 아빠 나중에 전화할게
NA	04:52	건수 전화 끊고, 시체 끌고 도로 가장자리에 야적한 물건에 몸 숨김, 경찰차 옴. 건수 표정.
대사	04:27	건수 : 아이씨
NA	05:29	경찰차 농로로 들어감, 건수 짐 뒤에 숨어 웅크림. 건수 안도의 한숨.
소리	05:42	한숨
NA	05:55	건수 소스라치게 놀람. 트렁크, 방수천으로 시체 덮음, 주위 살피고, 출발. 강아지가 차 보고 서 있음, 건수 표정. 과속 방지턱에 걸려 덜컹, 돌아보는 건수, 건수 표정.
대사	06:50	건수 : 미치겠네
NA	06:52	건수는 경찰 수신호에 따라 천천히 차를 세운다
대사	07:09	(똑똑똑) 순경 : 수고하십니다. 음주 단속 팀입니다. 건수 : 아, 예 수고하십니다. 아, 저기.. 나 서부경찰서 강력반 고건수 형산데. 순경 : _ 부서, 순경, 이순경입니다. 건수 : 수고한다. 수고해라, 어. 고생이 많다. 순경 : 저기, 한번 불고 가시죠. 건수 : 어? 순경 : 술 드셨죠? 그죠? 건수 : 하. 순경 : 드셨네. 건수 : 내 어머니 상중이라, 딱 한잔했는데 미안한데 그냥 한번 가자. 순경 : 에이 그냥 불고 가시죠. 건수 : 우리 어머니가 돌아가셨다고, 어? 순경 : 하.. 알겠습니다. 잠시만요. 건수 : 야 이순경. 순경 : 예 잠시만 계세요.
NA	08:04	단속순경, 금이 간 유리 봄. 건수, 핸드브레이크 풀고, 기어에 손 올림. 순경이 차를 가로 막음
대사	08:21	(삐!) 단속순경 : 차에 내리세요. 차에서 내리세요, 빨리.

			고참순경 : 뭐야.
			단속순경 : 검문불응에 도주하려했습니다. 차에서 내리세요.
NA	08:31		건수 망설, 차를 나와 고참 순경에게 다가감.
대사	08:37		건수 : 아 예, 수고하십니다. 아, 저.. 서부서 강력반 고형사라고 하는데요.
			어머니 상중이라.. 간단하게 한잔했는데 미안합니다. 한번 갑시다.
			단속순경 : 신분증도 없고 괜히 긴장하는 게 수상합니다.
			건수 : 야 이순경 뭔 말을 그렇게 해
			고참순경 : 주민번호 불러 주세여.
			건수 : 같은 경찰끼리.. 갑시다.
			고참순경 : 그러니까 주민번호 불러주세요.
NA	09:01		경찰 건수 에워쌈, 건수 할수 없다는 듯 대충, 마지못해 말함.
	09:08		건수 : 760625.. 1295
			순경14자리 : 그, 숫자가 하나 더 있는데 말입니다.
			건수 : 뭐? 뭐뭐
			순경14자리 : 열 네자리 부르셨지 말입니다. 그런데 주민번호 열 세자리지 말입니다.
			건수 : 똑바로 적어.
			순경14자리 : 똑바로 적었지 말입니다.
			건수 : 7606..
			고참순경 : 아, 일단 차로 가서 확인하시죠.
			건수 : 뭘 차로 가요. 이거 다 확인해보면 될 거 아냐. 서에 전화해보시면 될 거 아네요.
			고참순경 : 아 가서 확인하시자구요.
			건수 : 아 그니까 여기서 확인..야야야야! 너 일로와 봐
			순경14자리 : 차 사고난지 얼마 안 된 것 같은데 말입니다.
			건수 : 야 빨리 확인해보라고
			고참순경 : 야 최순경, 트렁크 좀 열어봐.
			순경 : 예.
			건수 : 야!
대사 NA	09:48		건수 다급히, 트렁크 여는 순경 거치대로 밀친다.
대사	09:54		건수 : 야 이 새끼야 너 지금 뭐하는 거야
			순경들 : 잡아.
			건수 : 야, 놔놔 이 새끼들이
NA	10:03		순경들 달려, 팔 잡고 늘어짐, 헤딩, 때리고, 가스총,
대사			건수 : 켁켁
NA	10:12		전기충격기, 건수 목에 갖다 댐, 건수 기절.

〈박효경〉 초반부

구분	시간	간격	대사 / 화면해설
NA	00:00:50	~	제공/배급 쇼박스(주)미디어플렉스
NA	00:01:15	9	기획/제작 차지현〈(주)에이디사공육〉 장원석〈(주)다세포클럽〉
NA	00:01:24	4	영화제목 끝까지 간다
NA	00:01:28	13	밤. 도로. 8734 번호판을 단 건수의 검은색 승용차가 헤드라이트를 켜고 젖은 도로를 달리고 있다. 건수는 검은 색 양복을 입고 오른팔에 상주 완장을 찼다. 왼손으로 운전하면서 오른손으로 휴대전화로 통화하고 있다.
	00:01:41		건수: 가고 있다고 자식아, 가고 있잖아 지금. 도형사: 그래도 어떻게 나오셨습니다. 어디십니까? 건수: 아 몰라. 도형사: 그냥 열쇠 둔 데만 알려주시면 제가 잘 감춰둘 수 있는데 말입니다. 건수: 아 키가 지금 나한테 있다니까 넌 지금 몇 번을 얘기하니? 아 진짜 씨 야 걔네 언제 온다고? 도형사: 감찰반 애들 한 시간 안에 온다는데 빨리 오셔야 할 것 같습니다. 건수: 알았다고. 안달 좀 하지 말라고 새끼야. 나 금방 가니까 내 자리는 건들지 마라. 띠띠 (통화 대기음) 도형사: 빨리 오시지 말입니다. 건수: 야 잠깐만 끊어봐 여동생: 오빠 언재 와? 장례식 어른들이 상주가 자리 비웠다고 뭐라 그러잖아. 건수: 그니까 내가 오죽하면 장례 치르다 나오겠니 내가? 여동생: 그래서 뭔 일인데? 건수: 야 됐고, 나 금방 테니까 김서방이랑 잘 좀 하고 있어. 알았지? 여동생: 효자 생색은 지 혼자 다 내더니 자리 비우고 아 몰라 빨랑 와. 건수: 야 민아는? 민아 뭐 해? 자? 여동생: 오빠 새끼 잘 있다. 건수: 아 이게 야 끈.......
NA	00:02:33	2	전화가 끊긴다.
	00:02:35		건수: 진짜 좋게 얘기하려 해도 도움이 안 돼.
NA	00:02:39	3	몸집이 작은 개 한 마리가 갑자기 도로에 나타난다.

	00:02:42		빵 빵 빵 (클락션 소리)
NA	00:02:47	3	건수가 (아슬하게) 개를 피해 운전한다.
	00:02:50		건수: 아 저 개새끼 미쳤나, 진짜.
	00:02:52		건수: 아 아 아 악~
NA	00:02:56	2	(갑자기) 검은 물체가 튀어나와 건수 차와 충돌한다.
NA	00:02:58	4	깜짝 놀란 건수가 운전대를 최대한 왼쪽으로 꺾으며 브레이크를 밟는다.
NA	00:03:02	31	멈춰선 차 안. 대시보드에 꽂혀있는 **건수와 민아 사진이 심하게 흔들린다.** 건수가 운전대에 머리를 숙이고 있다가 천천히 고개를 든다. 차 앞 유리에 두 줄로 크게 금이 가 있다. 겁에 질려 당황한 기색이 역력한 건수. 도로변 가로등 아래 (길)바닥에 쓰러져 있는 사람을 발견한다.
	00:03:15		달그락 (벨트 푸는 소리)
NA	00:03:22	11	건수가 **안전벨트를 풀고** 차 밖으로 나온다. 쓰러져있는 사람 쪽으로 황급히 뛰어간다.
	00:03:33		건수: 아저씨!
NA	00:03:35	3	건수가 옆으로 누워 있는 남자를 손으로 밀어 정면으로 눕힌다.
	00:03:38		건수: 아저씨~
NA	00:03:39	7	남자가 꼼짝도 하지 않는다. 화들짝 놀라는 건수.
	00:03:46		건수: 저기요.
NA	00:03:47	3	남자의 몸에서 나온 붉은 피가 바닥에 퍼져 나간다.
NA	00:03:50	16	건수가 남자 앞에 무릎을 굽히고 앉아 뒤돌아보며 주위를 살핀다. 건수의 구두 아래로 남자의 피가 번진다. 몸을 숙여 남자의 얼굴에 귀를 가져다대는 건수. 아무런 반응이 없음을 알아차리고 질겁하며 뒷걸음친다.
	00:04:06		건수: 으아
NA	00:04:07	9	건수 앞에 다시 나타난 개. 천천히 다가와 남자의 발밑 쪽에 자리를 잡고 앉는다.
	00:04:16		건수: 아이 씨발~
NA	00:04:18	7	건수가 휴대전화를 꺼내 112 라고 누른다. 통화 버튼을 누르려다 잠깐 망설인다.
	00:04:25		따르릉 (벨소리)
	00:04:28		건수: 어 왜 왜?

			민아: 아빠 민아 인데 아빠 뭐해?
			건수: 어 민아 민아야.
			민아: 아빠 케이크 샀어?
			건수: 어 어~ 그래.
			민아: 사준다고 약속했잖아, 초콜릿 케이크.
			건수: 아 그거 아 아 초콜릿 케이크? 민아: 아직 안 샀어?
NA	00:04:45	3	건수가 서서히 다가오는 경찰차를 발견한다.
	00:04:48		민아: 아빠!
			건수: 어 민아야. 아빠 나중에 전화할게.
NA	00:04:51	24	건수가 남자의 다리를 잡아끌어 후미진 곳의 고물 더미 속으로 옮긴다.
			가로등 불빛에 드러난 남자의 팔을 내려 어두운 곳으로 숨긴다.
			건수는 앉은키를 가릴 정도의 고물에 등을 대고 무릎을 세우고 앉아있다.
			최대한 몸을 숨기고 숨죽인다.
NA	00:05:15	13	경찰차가 헤드라이트를 켜고 천천히 건수 쪽으로 다가온다.
			건수가 극도의 긴장감에 어쩔 줄 몰라 한다.
	00:05:28		건수: 아이 씨발~
NA	00:05:29	15	경찰차가 건수를 지나쳐 좌회전 길로 빠진다.
			건수가 점점 멀어져가는 경찰차 뒷모습을 쳐다본다.
	00:05:44		건수: 하아
NA	00:05:50	2	안도의 한숨을 내쉰다.
	00:05:52		철퍽 (놀라는 소리 살리고)
NA	00:05:55	5	건수가 바닥에 널브러진 남자의 얼굴을 보더니 그 자리에 주저앉고 만다.
NA	00:06:00	4	차 트렁크를 열고 방수 천으로 싼 남자의 시체를 집어넣는다.
	00:06:09		턱 (트렁크 닫는 소리)
NA	00:06:10	2	트렁크 문을 닫고 두리번거린다.
	00:06:12		부릉 (신호 넣는 소리)
NA	00:06:15	5	건수의 차가 천천히 출발한다.
NA	00:06:20	8	홀연히 다시 나타난 개가 도로 위에 멈춰 선다.
			점점 멀어지는 건수의 차를 지켜본다.
NA	00:06:28	6	차안.
			운전 중인 건수의 얼굴에 불안한 기색이 역력하다.
	00:06:34		덜컹 (방지 턱 넘는 소리)
NA	00:06:35	4	차가 과속방지턱을 넘자 트렁크 쪽으로 돌아본다.

	00:06:39		덜커덕 덜컹 (방지 턱 넘는 소리)
NA	00:06:41	5	방지 턱을 넘을 때마다 차체가 심하게 흔들린다. 건수가 예민하게 트렁크 쪽을 쳐다본다.
NA	00:06:46	4	도로 앞에 음주단속 중인 순경들을 발견하는 건수.
	00:06:50		건수: 아이 미치겠네.
NA	00:06:54	11	당황하여 어쩔 줄 몰라 하는 건수. 단속 중인 순경이 야광 봉을 흔들며 차를 세우라고 신호를 준다. 건수가 천천히 차의 속도를 줄인다. 순경 앞에 차를 세우고 핸드브레이크를 잠근다.
	00:07:05		끽 (기어 넣는 소리)
	00:07:08		똑 똑 똑 (자동차 창문 두드리는 소리)
	00:07:10		이순경: 수고하십니다. 음주 단속 중입니다.
	00:07:14		스륵 (창문 내리는 소리)
	00:07:16		이순경: 수고하십니다. 음주 단속 중입니다. 건수: 아 예 수고하십니다. 아 나 저기 서부경찰서 강력반 고건수 형사인데. 이순경: 북부서 순경 이서준입니다. 건수: 아 그렇구나. 수고한다, 야. 수고해라. 이순경. 이순경: 저기 한 번 불고 가시죠? 건수: 어? 이순경: 술 드셨죠? 그죠? 하 드셨네. 건수: 야 어머님 상중이라. 딱 한 잔 했는데 미안한데 함 가자. 우리 어머님이 돌아가셨다고. 이순경: 하 알겠습니다. 잠시만요. 건수: 야 이순경. 이순경: 예 잠시만 계세요.
NA	00:08:04	5	이순경이 건수의 차 앞 유리에 금이 간 것을 발견한다.
NA	00:08:09	6	건수가 이순경의 눈치를 살피다 슬며시 핸드브레이크를 푼다.
NA	00:08:15	6	이순경이 건수를 슬쩍 쳐다보다 시선을 피한다. 건수가 기어를 넣는다.
	00:08:21		타닥 (기어 넣는 소리) 삐익 (호루라기 소리) 순경: 차에서 내리세요.
	00:08:25		이순경: 차에서 내리세요, 차에서 내리세요, 빨리. 고참경찰: 뭐야? 이순경: 검문불응에 도주하려 했습니다.
NA	00:08:32	3	어쩔 수 없이 차에서 내리는 건수.

NA	00:08:35	2	이순경을 밀치고 고참 경찰에게 간다.
	00:08:37		건수: 아 예 수고하십니다.
NA	00:09:00	8	건수가 순경들에 둘러싸여 있다. 순경들이 건수의 얼굴을 빤히 쳐다본다. 건수가 마지못해 주민번호를 부른다.
	00:09:08		건수: 760625 119~
	00:09:13		메모하는 의경: 숫자가 하나 더 있는데 말입니다.
NA	00:09:35	2	의경이 건수의 차 앞으로 와 헤드라이트를 살핀다.
	00:09:37		건수: 야 야 야 야~ 일로 와봐, 너 일로 와 봐!
NA	00:09:39	4	건수가 헤드라이트를 만지려던 의경의 손을 저지한다.
	00:09:43		순경: 야 최순경! 이 차 트렁크 좀 열어 봐.
NA	00:09:45	1	순경들이 강제로 건수 차 트렁크를 연다.
	00:09:46		틱 (트렁크 열리는 소리)
	00:09:47		건수: 야!
NA	00:09:48	5	흥분한 건수가 득달같이 달려들어 순경들을 때려눕힌다.
	00:09:53		탁 (차 트렁크 내리치는 소리)
NA	00:09:54	2	분을 삭이지 못하고 트렁크를 내리친다.
NA	00:09:56	4	순경들이 건수에게 달려들어 팔과 다리를 제압한다. 건수가 거칠게 반항한다.
	00:10:00		빡 (머리 받는 소리)
	00:10:01		칙 (가스 총 쏘는 소리)
NA	00:10:03	3	고참 경찰이 건수를 향해 가스총을 분사한다.
	00:10:06		칙 (가스 총 쏘는 소리)
NA	00:10:08	2	다른 순경이 건수를 향해 가스총을 또 쏜다.
	00:10:10		찌찍 (전기 충격기 소리)
NA	00:10:13	3	전기 충격기를 맞은 건수가 바닥에 대자로 쓰러진다.
	00:11:05		찰싹 (뺨 맞는 소리)
NA	00:11:06	2	도로. 순경들이 건수 앞에 일렬로 서 있다.
	00:11:08		건수: 정면으로 할까?
NA	00:11:18	8	건수가 메모하던 의경을 앞으로 불러낸다. 눈이 따가운지 자꾸만 눈을 깜빡이는 건수. 의경의 볼을 꼬집는다.
	00:11:26		건수: 야
NA	00:11:35	3	건수가 운전석에 탄다.

	00:11:38		턱 (운전석 문 닫는 소리)
	00:11:46		부르릉 (차 출발하는 소리)
NA	00:11:47	3	건수의 차가 출발한다.
	00:11:50		이순경: 야 열 네 자리 너 땜에 그런 거 아니야!
	00:11:54		툭 (책상에 돈 쏟아 붓는 소리)
NA	00:11:58	3	강력반. 감찰원이 건수 책상 서랍을 뒤집자 돈이 쏟아진다.
	00:12:01		검사: 좆 됐다, 니들.
	00:12:03		반장: 사무실 꼴이 이게 뭐야?
NA	00:12:05	7	반장이 호통을 치며 경찰서 안으로 들어온다. 감찰팀장 앞에 마주보며 선다.
	00:12:12		반장: 오밤중에 이 난리치는 이유가 뭐야? 응!
NA	00:12:15	3	감찰팀장이 돈 뭉치를 눈으로 가리킨다.
	00:12:18		반장: 근거도 모르는 돈
	00:12:27		반장: 장례 끝나고 다시 와.
	00:12:30		탁 (책상 치는 소리) 감찰팀장: 여기 보면 말입니다.
NA	00:12:50	3	감찰팀장이 건수의 수첩을 집어 든다.
	00:12:53		검사: 액수가 많습니다, 반장님.
	00:12:57		탁 (수첩 닫는 소리)
NA	00:12:58	2	밤. 고가 도로 밑 통로.
NA	00:13:00	13	건수가 차를 세워놓고 휴대전화 메시지를 확인하고 있다. 최형사가 보낸 문자에 '감찰반한테 다 털렸어, 전화 좀 받아' 라고 적혀 있다. 난감한 표정의 건수. 미간을 찌푸리며 생각에 잠긴다.
	00:13:13		따르릉 (벨소리)
	00:13:22		건수: 왜?
NA	00:13:36	3	휴대전화를 던지듯 내려놓는다.
	00:13:39		건수: 하 정말 퍼펙트하다.
NA	00:13:42	3	클락션에 연신 머리를 박는다.
	00:13:45		빵 빵 빵 (클락션 소리)
NA	00:13:49	2	건수의 차가 장례식장으로 들어온다.
	00:13:51		차 소리 살리고
NA	00:13:57	14	장례식장. 건수가 분향소 안으로 터벅터벅 들어온다.

5장. 화면해설, 어디까지 설명할 것인가? 107

			가림막 뒤 접객실에 조문객 한명이 엎드려 자고 있다. 건수가 벽에 기대어 무릎을 세우고 앉는다. 멍하게 허공을 응시한다.
	00:14:11		윙 윙 (장난감 병정 소리)
NA	00:14:15	3	장난감 병정이 건수의 발에 걸려 멈춘다.
	00:14:18		민아: 아빠, 발
NA	00:14:20	4	민아가 병정을 가져가고 가림막 위로 얼굴을 내민다.
	00:14:24		건수: 야 고민아!
NA	00:14:45	6	반장, 최형사, 도형사, 남형사가 분향소 안으로 들어선다. 향을 피우고 절을 한다. 건수가 형사들 눈치를 살핀다.
NA	00:15:01	2	밤. 장례식장 주차장.
	00:15:03		우리 이제 다 초상 치르게 생겼다.
NA	00:15:22	6	최형사와 반장이 곤란한 듯 시선을 피한다.
	00:15:28		건수: 아 아 혹시 나한테 그러니까 독박 쓰라는 얘기하러 온 거야, 지금?
	00:16:15		여동생: 오빠! 엄마 입관한대.
NA	00:16:20	10	여동생이 형사들에게 살짝 목례하고 자리를 뜬다. 건수와 형사들의 표정이 착잡하다.
	00:16:30		턱 (팔을 만지는 소리)
	00:16:34		형사: 죄송합니다.
NA	00:16:35	5	형사들이 건수에게 인사 하고 자리를 뜬다.
NA	00:16:40	6	침통한 표정의 건수. 그 자리에 쭈그려 앉는다.
NA	00:16:46	5	최형사가 걸음을 멈추고 건수에게 다가온다.
	00:16:51		최형사: 경찰서 개판 돼가지고 봉투 하나도 없더라.
NA	00:16:55	3	건수 양복 윗주머니에 돈을 찔러 넣는다.
	00:16:58		최형사: 어머니 잘 모셔라.
NA	00:17:00	4	홀로 남은 건수. 담배를 입에 문다.
	00:17:04		턱 (라이터 켜는 소리) 후우 (담배 피는 소리) 아흑 (여동생 울음소리 들고)
NA	00:17:14	7	환풍구를 통해 여동생의 울음소리가 희미하게 들린다. 건수가 담배를 바닥에 던지며 자리에서 일어난다. 안치실.
	00:17:21		여동생: 아 아~~

NA	00:17:31	5	장례지도사가 어머니 시신을 염습한다. 건수의 표정이 슬프다.
	00:17:36		장례지도사: 넣어드릴 물품 있으시면 지금 넣으세요.
NA	00:17:39	6	여동생이 어머니 시신 위에 나무 십자가를 놓는다. 관 뚜껑이 닫힌다.
	00:17:45		턱 (관 닫히는 소리)
	00:17:46		장례지도사: 나무 못이 놓여있는 순서대로 못질 하겠습니다.
NA	00:17:53	3	장례지도사와 건수가 마주보고 서서 관 뚜껑에 못질을 시작한다.
	00:17:56		따르릉 (벨소리)
NA	00:18:01	6	건수가 휴대전화를 꺼내 남형사가 보낸 문자를 확인한다. 순식간에 표정이 굳어진다.
NA	00:18:07	7	'지금 감찰반 사람들 그쪽으로 간 거 같아요. 차 수색 할지도 몰라요' 라고 적혀있다.
NA	00:18:14	5	건수가 주차장에 세워 둔 자동차를 떠올리며 당황한다.
	00:18:19		장례지도사: 상주님!
NA	00:18:21	12	장례지도사가 못질을 계속 하라고 고갯짓 한다. 마음이 복잡한 건수. 정신을 가다듬고 못질을 시작한다.
NA	00:18:33	2	두어 번 하더니 멈추고 한숨을 내쉰다.
	00:18:35		하 (한숨)
NA	00:18:36	4	무심결에 천장에 달린 형광등을 쳐다본다.
	00:18:40		딱 딱 (못질하는 소리)
	00:18:43		건수: 아
NA	00:18:45	8	건수가 손가락에 망치질을 하고 만다. 불현 듯 형광등 너머 작은 환풍구가 눈에 들어온다.
NA	00:18:53	18	건수가 안치실 문을 열고 장례식장 복도로 나온다. 길게 늘어선 복도의 천장을 주시한다. 앞에 가던 여동생 부부를 지나, 뭔가에 홀린 듯 정신없이 걷기 시작한다. 건수가 앞만 보며 걷다가 갑자기 뛴다. 복도 끝에 연결된 계단을 빠르게 올라간다.
	00:19:11		여동생: 오빠, 어디 가? 남서방: 형님~
NA	00:19:19	4	밤. 장례식장 주차장. 건수가 한 손에 노란색 풍선 다발을 들고 나타난다.

	00:19:23		최형사: 저 뭐야, 저거? 건수 아닙니까?
NA	00:19:27	3	차 안에 대기 중인 강력반 형사들이 의아한 듯 건수를 쳐다본다.
	00:19:30		반장: 쟤 왜 저래?
NA	00:19:58	12	장례식장 주차장. 한 쪽 구석에 헤드라이트가 깨진 건수 차가 환풍구를 가리며 주차돼 있다. 건수가 운전석 문을 열고 엉덩이만 걸친 채 옆으로 앉았다. 정면으로 놓인 환풍구 덮개를 동전으로 열고 있다.
NA	00:20:10	7	환풍구 덮개를 뜯어내자 사각으로 된 좁고 긴 철제 통로가 나온다.
NA	00:20:17	8	건수가 양복 안주머니에서 장난감 병정을 꺼낸다. 발목에 줄이 묶인 병정을 통로 끝까지 집어 던진다.
	00:20:25		철커덕 (병정 떨어지는 소리)
	00:20:26		건수: 선생님 진짜 마지막으로 어머니랑 단둘이 있고 싶습니다.
NA	00:20:30	2	안치실. 건수가 장례지도사에게 돈 봉투를 준다.
	00:20:32		장례지도사: 아니, 근데
NA	00:20:45	5	장례지도사가 건수 손에 든 풍선을 가리킨다.
	00:20:50		장례지도사: 아 근데 이건 뭡니까?
NA	00:20:59	3	장례지도사가 나간다.
	00:21:02		딸깍 (문 닫는 소리)
NA	00:21:03	7	건수가 풍선 다발을 손에 쥐고 벽시계 쪽으로 향한다. 시계가 걸린 벽면 아래 의자에 앉는다.
NA	00:21:10	12	위를 올려다보더니 쥐고 있던 풍선을 살짝 놓는다. 풍선이 위로 떠 천장 꼭대기에 달린 CCTV에 닿는다. 건수가 줄을 완전히 놓자 풍선이 CCTV를 완벽히 가린다.
NA	00:21:22	4	두 손을 모으고 안도의 한숨을 내쉬는 건수.
	00:21:26		건수: 미안해, 엄마.
NA	00:21:35	9	벌떡 일어나 안치실 문을 잠근다. 바퀴달린 선반을 옮겨 안치실 환풍구 아래에 놓는다. 그 위에 올라서서 환풍구 덮개를 동전으로 연다.
	00:21:36		철컥 (뚜껑 뜯는 소리)
NA	00:21:37	12	건수가 뜯어낸 환풍구 안을 들여다본다. 주차장에서 던져 넣었던 장난감 병정이 있다. 리모컨을 꺼내 병정을 향해 작동시켜 보지만 꼼짝하지 않는다. 건수가 리모컨을 살펴본다.
NA	00:21:49	3	'주의사항 작동거리 3미터 이내' 라고 적혀 있다.

	00:21:52		툭 툭 (리모컨 때리는 소리)
NA	00:21:55	5	건수가 리모컨을 두드리더니 팔을 길게 뻗어 병정 쪽으로 쏜다.
	00:22:00		직 직 (병정 움직이는 소리)
NA	00:22:05	9	장난감 병정이 건수를 향해 움직이기 시작한다. 병정 발에 묶인 줄이 방수 천으로 싼 시체와 연결돼 있다.
NA	00:22:14	2	갑자기 멈춰선 병정.
	00:22:16		탕 탕 탕 (총소리)
NA	00:22:19	4	건수가 깜짝 놀라 리모컨으로 병정을 멈추게 한다.
	00:22:25		뒤돌아 시계를 본다. 11시 50분을 가리키고 있다.
NA	00:22:27	5	건수가 다시 리모컨으로 병정을 작동시킨다.
	00:22:32		탕 탕 탕 (총소리)
	00:22:35		직 직 (장난감 병정 움직이는 소리)
NA	00:22:37	3	건수가 선반에서 내려와 구두끈을 푼다.
	00:22:40	4	주차장 환풍구가 비춰진다.
NA	00:22:44	6	복도. 장례지도사가 문 앞에 바싹 몸을 기대고 서있다. 소리가 들리자 천장을 올려다본다.
	00:22:50		카악 퉤 (침 뱉는 소리)
NA	00:22:53	7	장례지도사가 소리를 듣고 문을 연다. 여자 간호사가 담배를 피우고 있다. 장례지도사가 복도 천장을 슬쩍 쳐다보고 밖으로 나간다.
	00:23:02		직 직 (병정 움직이는 소리)
NA	00:23:04	2	환풍구 안. 병정이 움직인다.
NA	00:23:06	5	안치실. 건수가 신발 끈으로 관 뚜껑에 박힌 못을 빼고 있다.
	00:23:11		푹 (못 빠지는 소리) 건수: 아악
NA	00:23:13	4	건수가 바닥에 떨어진 못을 줍는다. 병정은 계속 움직인다.
	00:23:17		직 직 (장난감 병정 움직이는 소리)
	00:23:22		탕 탕 탕 (총소리)
NA	00:23:24	11	간호사가 문을 열고 복도로 들어온다. 소리가 들리는 듯 천장 쪽을 살펴본다. 천천히 걸어 안치실 문 앞에 다다른다.
NA	00:23:35	3	문에 얼굴을 대고 소리에 집중한다.
NA	00:23:38	5	안치실.

	00:23:43		건수가 신발 끈으로 뽑은 못이 바닥에 나가떨어진다. 달그락
NA	00:23:45	4	소리에 놀란 간호사가 복도를 뛰어간다.
NA	00:23:47	3	건수가 인기척을 느끼고 다급해 한다.
	00:23:50		으쌰 (건수 소리 살리고)
NA	00:23:53	4	못을 뽑던 신발 끈이 끊어져 버린다.
	00:23:57	6	건수가 손으로 못을 뽑기 시작한다. 관 뚜껑을 연다.
	00:24:03		덜컹 (관 뚜껑)
	00:24:05		건수: 내가 미친놈이야, 진짜.
	00:24:10		덜컥 (문 여는 소리)
NA	00:24:12	3	청원경찰이 안치실 문손잡이를 돌린다.
	00:24:15		탕 탕 탕 (총소리)
NA	00:24:16	4	건수가 다급히 선반 위에 올라가 병정 총소리를 멈춘다.
	00:24:20		똑 똑 똑 (노크 소리)
	00:24:22		청원경찰: 계세요?
NA	00:24:23	3	간호사가 청원경찰을 데려왔다.
	00:24:26		청원경찰: 글쎄요.
NA	00:24:27	2	청원경찰이 무전기로 경비를 부른다.
	00:24:29		장례식장 경찰: 장례 경비 하나.
	00:24:46		장례식장 경비: 에? 왜 이래?
NA	00:24:47	3	경비가 노랗게 된 모니터 화면을 확인한다.
	00:24:50		장례식장 경비: 안 보이는데?
NA	00:24:52	3	건수가 얼음처럼 굳어서 바깥소리를 듣고 있다.
	00:24:55		장례식장 경비: 저기 내 유씨한테 바로 확인 해 보라고 할게.
	00:25:03		리모컨 소리 살리고
NA	00:25:10	5	건수가 리모컨으로 병정을 작동시키지만 움직이지 않는다.
	00:25:15		텅 (통로 치는 소리)
NA	00:25:16	4	손을 뻗어 병정을 잡으려 해도 닿지 않는다.
	00:25:20		탁 (바닥 내려오는 소리)
NA	00:25:23	6	선반에서 내려와 망설이다가 시신 위에 놓인 십자가를 집는다.
	00:25:29		탕 탕 (소리 살리고)
NA	00:25:33	3	다시 선반 위로 올라가 십자가로 병정을 끌어내린다.
	00:25:36		쿵 쿵 (소리 살리고)
NA	00:25:38	6	병정 발에 묶인 줄을 빠르게 잡아당긴다.

NA	00:25:44	5	줄에 연결 된 시체가 딸려 온다. 건수가 줄을 잡아당긴다.
NA	00:25:49	6	손이 아픈지 양복 재킷을 벗어 손을 감싸고 당기기 시작한다. 시체가 통로 모퉁이에 걸려 꼼짝하지 않는다.
	00:25:57		으쌰 (건수 소리 살리고)
NA	00:26:05	4	어깨에 줄을 메고 있는 힘껏 잡아당긴다.
	00:26:09		스르륵 (시체 움직이는 소리)
NA	00:26:13	7	시체가 모퉁이를 빠져나와 딸려오기 시작한다.
NA	00:26:20	20	이윽고 보라색 방수천에 싼 시체가 환풍기 입구에 모습을 드러낸다. 건수가 조심스레 시체를 받아 내린다. 힘에 부쳐 그대로 바닥에 꼬꾸라진다.
NA	00:26:40	2	복도.
	00:26:42		장례식장 경비: 오지 마!
NA	00:26:43	4	경비가 장례지도사에게 볼링을 치듯 바닥으로 열쇠를 밀어준다.
NA	00:26:47	3	장례지도사가 구둣발로 열쇠를 잡는다.
	00:26:50		장례지도사: 고마워.
NA	00:26:53	1	안치실.
	00:26:54		건수: 엄마, 금방 빼드릴게요.
NA	00:26:59	3	건수가 시체 2구가 놓인 관 뚜껑을 닫는다.
	00:27:02		텅 (관문 닫는 소리)
NA	00:27:03	4	장례지도사가 열쇠를 들고 계단을 내려온다.
NA	00:27:07	3	건수가 손으로 못을 박다가 팔꿈치로 내려친다.
	00:27:10		윽
NA	00:27:11	3	구두를 벗어 못을 박기 시작한다.
	00:27:14		탁 탁 탁 (못 박는 소리 살리고)
NA	00:27:20	2	못 한쪽 귀퉁이가 깨진다.
NA	00:27:25	3	건수가 선반 위로 올라가 환풍구 덮개를 닫는다.
NA	00:27:28	4	서둘러 양복 재킷을 입고 잠가두었던 안치실 문을 연다.
	00:27:32		하아 (한숨 소리)
NA	00:27:33	12	건수가 관 앞에 놓인 의자에 앉는다. 한 숨 돌리고 삐져나온 와이셔츠를 바지에 넣는다.
	00:27:45		나 나 나 (벨소리 울린다)
NA	00:27:53	2	관속에서 벨소리가 들린다.
NA	00:27:55	5	건수가 천천히 일어서서 관에 귀를 대본다.

	00:28:00		건수: 아이 씨 놀래라.
NA	00:28:05	8	다급하게 구두끈을 다시 풀려고 한다. 벨소리가 멈춘다.
NA	00:28:13	2	뒤돌아 시계를 보니 12시에 임박했다.
	00:28:17		나 나 나 나 (벨소리)
	00:28:18		건수: 아 놔 씨발 미치겠네!
NA	00:28:22	4	복도. 장례지도사가 안치실 쪽으로 걸어온다.
NA	00:28:26	5	건수가 관을 부여잡고 안절부절 못한다.
	00:28:31		건수 : 이제 안 되는데.
NA	00:28:47	8	안치실 문 앞. 장례지도사가 손잡이를 돌려 문을 열고 안으로 들어온다.
NA	00:28:55	4	건수가 의자에 앉아 넋 나간 표정으로 관만 보고 있다.
	00:28:59		덜컹 (문 닫히는 소리)
NA	00:29:00	2	건수가 문 닫히는 소리에 움찔한다.
	00:29:02		장례지도사: 이제 그만 나가셔야 되는데?
NA	00:29:06	10	장례지도사가 한쪽 모퉁이가 부러진 못을 쳐다본다. 건수가 눈치를 살피더니 벌떡 일어나 문으로 간다.
	00:29:16		투둑 (소리 살리고)
	00:29:18		장례지도사: 저기
NA	00:29:20	13	장례지도사가 천장에 닿아있는 풍선 다발을 내려 건수에게 준다. 건수가 풍선 다발을 받아들고 꾸벅 인사한다. 안치실을 나온다.
	00:29:33		끼익 (문 닫히는 소리)
NA	00:29:34	4	건수가 안치실 문 앞에 털썩 주저앉는다.
NA	00:29:37	4	낮. 도로. 운구 행렬이 도로를 달리고 있다.
NA	00:29:41	7	장례버스 안. 건수가 앞서 가는 장의 리무진을 힐끗 본다. 표정이 심란하다.
NA	00:29:48	2	장의리무진 안.
	00:29:50		나 나 나 (벨소리)
NA	00:29:56	8	장의리무진 기사가 룸미러로 관을 쳐다본다. 룸미러에 십자가 목걸이를 걸고 찬송가를 부른다.
	00:30:04		장의리무진 기사: 내 주를~~~

〈타임체크 후 화면해설 정보 정리 2〉

구분	시간	간격	대사 / 화면해설
	11:19 11:25	6	신의경의 따귀를 때리려다 눈이 따가운지 비비는 건수 신의경 코의 휴지를 빼버리고 뺨을 붙잡음
	11:33 11:38	5	건수가 차에 타고 이 순경이 조수석 창문을 두드린다.
	11:46 11:49	3	이 순경이 신의경을 때리려고 위협함
	11:54 12:00	6	강력반 사무실, 건수의 책상 서랍을 뒤집자 책상위로 돈다발이 떨어짐
	12:05 12:11	6	강력반장이 들어오자 감찰반원들이 마지못해 일어선다.(경례한다)
	12:14 12:16	2	감찰반장이 눈짓으로 돈다발을 가리킴
	12:30 12:32	2	감찰반장이 수첩을 집어 든다.
	12:58 13:21	23	인적이 드문 고가도로 아랫길 건수가 차를 세워놓고 최형사로부터 온 문자메시지를 읽는다. (문자 그대로 읽어줌) 메시지를 읽고 침울해하는 건수 표정
	13:36 13:39	3	전화기를 쥐고 미간을 잔뜩 찌푸리는 건수
	13:42 13:44	2	건수가 운전대에 이마를 쿵쿵 찍는다.
	13:51 13:56	5	건수의 차가 장례식장 주차장으로 들어섬 한쪽 헤드라이트가 꺼져있음
	13:57 14:18	21	(장난감 병정소리 살리고) 장례식장 안쪽으로 들어오는 건수, 분양소와 접객실을 분리시켜 놓은 가림막 앞에 건수 주저앉음. 손님 한명은 식탁에 엎드려 자고 있음.
	14:19 14:23	4	딸 민아가 장난감 병정을 들고 가림막 위로 얼굴을 내민다.
	14:39 15:02	23	민아는 뾰루퉁한 얼굴로 가버림. 운동화를 신은 사람들이 우루루 들어옴. 맞절. 건수가 눈치를 본다. 장례식장 건물 뒤편 주차장에 모여있는 동료들과 건수.
	15:21 15:27	6	건수가 쳐다보자 최형사 눈 피함. 반장은 곤란한 표정

5장. 화면해설, 어디까지 설명할 것인가? 115

	16:16 16:18	2	여동생이 보고 있다.
	16:23 16:33	10	여동생은 목례하고 들어감. 반장은 건수 어깨를 한 번 치고 돌아감
	16:37 16:51	14	남형사, 도형사가 인사하고 가고 최형사 따라감
	16:54 16:57	3	최형사가 건수 양복 앞주머니에 돈을 찔러 넣어줌
	16:59 17:20	21	건수가 담배를 물고 라이터로 불을 붙여 한 모금 내쉼 건수가 앉아있는 뒤쪽 환풍기를 통해 건수 동생의 울음 소리가 들림. 건수가 담배를 땅바닥에 던지고 걸어감
	17:21 17:36	15	안치실, 건수 어머니의 염습이 한창이다. 장례지도사가 시신의 손과 발에 봉투를 싼다.(부정확합니다.)
	17:39 17:45	6	건수의 여동생이 나무 십자가를 관 안에 넣고 관 뚜껑이 닫힘
	17:49 18:18	29	장례지도사와 건수가 마주보고 서서 관 뚜껑에 나무 못질을 시작 (벨소리 살림) 남형사에게서 문자메시지가 옴. (내용 읽어줌) 주차장에 세워둔 자신의 차량을 떠올리며 불안해 하는 건수
	18:20 18:42	22	못질 마저 하라고 고개짓하는 장례지도사. 건수가 다시 망치질을 하지만 집중하지 못함 한숨 내쉬고 고개드는 건수의 눈에 환기구 통로가 보임. 다시 시작해보지만 결국 자기 손을 치고 만다.
	18:43 19:11	28	안치실 밖으로 여동생 부부 나옴. 건수도 나옴 복도 천장을 따라 연결된 환풍기 배기관이 바깥까지 있음(부정확한 부분입니다.) 확인한 뒤 갑자기 뛰어가는 건수
	19:17 19:22	5	잠시 후 건수가 노란 풍선 다발을 들고 장례식장으로 들어옴
	19:27 19:30	3	강력반 동료들이 차안에서 건수를 보고 있음
	19:52 20:25	33	(장난감 병정 던지는 소리 살림) 전조등이 깨진 차를 환풍기 앞에 대둠. 가리기 위해서 앞문까지 열어둠 긴장된 표정으로 주위 둘러보고 통로를 바라보는 건수

			민아 장난감을 환풍기 안에 집어 넣음 병정 다리에는 끈 연결되어 있음 장례지도사의 손에는 돈봉투가 있음
	20:30 20:38	8	장례지도사가 봉투를 안주머니에 넣음
	20:42 20:50	8	건수가 풍선을 여전히 들고 있고 나가려는 장례지도사가 건수가 들고 있던 노란 풍선다발을 가리킨다.
	21:00 21:25	5	장의사가 나가자 건수는 풍선을 들고 벽에 붙여놓은 의자에 앉음. 들고 있던 끈을 놓자 천장에 떠오르는 풍선이 붙음. 천장에 있던 CCTV에 맞춰 풍선 위치를 조절. 완벽하게 가려진 CCTV를 보고 기도하듯 손을 모은다. 엄마 관을 보며 말한다.
	21:27 22:43	1:16	총소리 살림(22:33~22:34) 건수가 재빠르게 안치실 출입문 잠금. 탁자를 환풍기 옆에 끌고 와 놓고 올라서서 뚜껑을 연다. 통로에 아까 던져둔 장난감 병정이 있음. 건수가 리모컨을 장난감을 향해 작동하지만 움직이지 않는다. 건수가 리모컨을 살펴보자 '작동거리 3분이내(적혀있는대로 읽으면 됨)'라고 적혀있다. 리모컨 두드리고 다시 작동시키자 장난감이 움직인다. 장난감 다리에 연결된 끈에는 커다란 물체가 묶여있다. 장난감 병정이 총을 쏘자 깜짝 놀라 중지시키는 건수. 시계를 보자 11시 50분. 다시 리모컨 누름 장난감이 다시 움직이자 건수가 구두끈을 풀기 시작한다.
	22:44 23:02	18	안치실 복도, 복도에 서있던 장례지도사가 천장에 있던 환풍기에서 나는 소리에 이상한 듯 위를 쳐다봄 (가래침 뱉는 소리 듣고) 소리에 문을 열어보니 담배를 피던 간호사가 깜짝 놀라 일어선다.
	23:03 23:06	3	환풍기 안, 장난감 병정이 안치실 벽쪽으로 기어감.
	23:07 23:23	16	안치실, 건수가 구두끈으로 나무못을 뜯음 병정은 벽에 다다르자 총을 쏨
	23:24 24:05	41	(장면별로) 담배를 피우던 간호사가 복도로 나옴 환풍구에서 나오는 소리를 듣고 안치실 쪽으로 다가감 환풍구를 한 번 바라보고 문에 귀를 바짝 댐 나무못이 바닥에 떨어지는 소리를 듣고 기겁하고 어디론가 달려감

			밖에서 나는 인기척 소리에 서둘러 못을 뽑던 건수의 구두끈이 끊김 손으로 나무못을 마저 뽑고 뚜껑을 연다. 어머니의 시신이 보이자 용서를 구하는 건수
24:10 24:22	12		문 손잡이 돌리는 소리에 깜짝 놀란 건수가 문을 바라봄 간호사가 데려온 청원경찰이 문 앞에 서서 문을 탕탕 두드린다. 건수가 장난감 병정 작동을 멈춘다.
24:27 24:29	2		청원경찰이 무전기로 경비를 부름
24:43 24:46	3		모니터 화면이 노란색. 아무것도 안보임(3초라 다 안 들어가기 때문에 줄여서 쓰시라네요)
24:47 24:50	3		건수가 꼼짝도 못한 채 바깥대화를 듣고있음
25:07 26:40	1:33		건수가 장난감 병정을 다시 작동시키지만 움직이지 않음 그래서 잡으려 하지만 손도 닿지 않음 탁자에서 내려와 관 속 십자가를 잡으려 망설이다 잡고 탁자 위로 올라간다. 십자가를 갈고리로 사용해 장난감을 끌어 당김 장난감 다리에 묶여있던 끈을 잡음 묵직한 무게에 손이 아픈지 무겁게 느껴지자 양복 상의를 벗어 줄을 감싸 잡아당김 끌려오던 물체는 통로 모퉁이에 걸려 나오지 않음 건수는 줄을 어깨에 매고 앞으로 나가며 잡아당김 모퉁이를 돌아 나와 환풍기 입구에 드러난 물체는 방수천에 싼 시체. 조심스럽게 시체를 받아 내리지만 시체 무게를 견디지 못하고 시체에 깔린다.

2. 불필요한 것, 어쩔 수 없이 줄여야 하는 것을 뺀다

	0:05:32~0:05:32	1"	환자들: 남매는 아니겠지?
	0:05:33~0:05:34	1"	남자 주인공: 우린 남매야.
	0:05:35~0:05:43	8"	**병실에 있는 사람들이 텔레비전 드라마에 빠져 있다.**
	0:05:44~0:05:45	1"	나미: 수고하세요.
	0:05:46~0:05:51	5"	간호사에게 인사하며 병실을 나서 복도를 지나던 나미, 신음소리에 걸음을 멈추고 병실 안을 살핀다.
	0:05:52~0:05:57	5"	환자가 침대 위에서 아파한다. 덩달아 아픈 표정의 나미.
	0:05:58~0:06:02	4"	고개를 돌려 병실 앞 환자의 이름을 본다. 하춘화, 마흔두 살. 생각나는 사람이 있는 듯한 나미의 표정.
	0:06:03~0:06:27	24"	나미집 서재. 나미가 책장 아래 몸을 숙이고 있다. 고등학교 졸업앨범을 열어 보는 나미. 몇 장을 넘기니 앨범 사이에 그림들이 꽂혀 있다. 나미가 그림들을 손에 들고 한 장씩 넘겨 본다.
	0:06:28~0:06:47	19"	(끼이익) 나미가 인기척에 놀라 소리 나는 쪽으로 고개를 돌린다. 예빈이 서재로 들어온다. 예빈이 책을 열어 안에 있는 지폐를 꺼낸다. 그 모습을 본 나미가 놀라 몸을 숨긴다. 예빈이 인기척을 느끼고 나미쪽을 본다. 나미와 눈이 마주친다.

NA	48:14~48:40	26	주변을 둘러보며 전화기 속 목소리를 찾는 건수. 정문 앞 공중전화 부스 안에서 전화가 끊김과 동시에 수화기를 내려놓고 나오는 남자를 발견한다. 검은색 코트차림, 건장한 체격의 남자는 정문 앞에 미리 대기 중인 주황색 택시를 타고 출발한다. 남자를 뒤쫓던 건수가 택시의 번호판을 확인하고는 주차장으로 돌아와 자신의 차를 몰고 뒤쫓는다.
NA	48:41~		왕복 2차선 좁은 도로. 건수가 중앙선을 넘나들며 난폭하게 운전을 한다. 연신 좌우를 살피며 주황색 택시를 찾고 있다. 아슬아슬 마주 오는 차를 피하며 곡예운전을 하고 있는 건수. 좁은 도로를 지나 큰 길 교차로에서 골목길로 들어가는 주황색 택시를 발견한다. 택시를 따라 다시 2차선 좁은 길로 들어선 건수의 차. 주황색 택시는 좁은 길을 빠져나와 왕복 8차선의 교통량이 많은 도로로 들어선다. 횡단보도 앞 보행신호대기로 멈춰선 주황색 택시. 택시와 건수의 차 사이에 대여섯대 정도의 차가 가로막고 있다.

3. 쉽고, 올바른 어휘를 사용하고, 올바른 문장으로 정리한다

좋은 글쓰기의 출발은 단어에서 시작된다. 정확한 단어를 사용하고 어법에 맞는 글을 써야 분명하게 의미를 전달할 수 있다. 문장은 의미를 이루는 최소 단위의 글을 가리키므로, 좋은 글을 쓸 때 문장의 기본형식과 구조를 파악하는 일은 무엇보다 우선시 되어야 한다.

1) 좋은 문장이란

어떤 문장이 좋은 문장일까? 화면해설처럼 이미 만들어진 영상을 보고 해설하는 글을 쓸 때는 무엇보다 영상의 정보를 잘 전달해야 한다. 또한 입말로 전달하기 때문에 한번 들었을 때 이해하기가 쉬운 글이어야 한다. 간결하고 의미가 명확해서 분명한 글이 좋은 문장이라고 하는 이유도 여기에 있다.

3C를 기억하자!
Clear(쉽고, 분명한 글) Correct(정확한 글) Concise(간결한 글)
그렇다면 좋은 문장을 쓰기 위한 조건을 하나씩 살펴보도록 하자.

아무리 긴 문장도 기본 형식을 활용해서 만들어진다.
문장의 기본 형식은 다음과 같다.

주어(나는)+**서술어**(걷는다)
주어(나는)+**목적어**(오솔길을)+**서술어**(걷는다)
주어(나는)+**보어**(신이)+**서술어**(아니다)
주어(내가)+**보어**(구름이)+**서술어**(된다)

문장의 가장 기본적인 형태는 이처럼 '주어'와 '서술어'의 결합이다. 다시 말해 주어와 서술어는 문장에서 가장 기본이 되는 요소이고, 자신의 생각을 효과적으로 전달하기 위해서는 주어와 서술어를 질서있게 배열해야 한다는 뜻이다.

-한 문장에 한 가지 토픽만 말하라
'철수는 아내보다 더 등산을 좋아한다'

위의 문장을 한 번 살펴보자. 철수가 아내를 좋아하는 것보다 등산을 더 좋아하는지 아니면, 철수 아내가 등산을 좋아하는데 그녀보다 더 등산을 좋아하는지 의미가 불분명하다.

이처럼 한 문장 속에 두 가지 이상의 의미를 지닌 단어나 어구가 이렇다 할 한정도 없이 쓰이면 불안한 글이 되고 만다.

2) 좋은 문장의 조건
문장의 호응에 유의해서 전달에 왜곡이 없도록 한다.

① 주술의 호응이 이루어져야 한다

문장이 길어지거나 하나의 문장 안에 여러 번의 주술관계가 반복될 때 호응이 이루어지지 않는 경우가 많다. 주어와 서술어만 제대로 맞아도 어색하지 않은 문장이 된다. 또 연관되는 어휘를 서로 가까이 놓으면 어색함을 피할 수 있다. 주어와 서술어가 가까울수록 좋다.

최소한의 어휘를 사용하여 최대한의 의미 전달하도록 한다.

② 목적어와 서술어의 호응이 이루어져야 한다

*우리는 굳은 신념을 유지를 해야 한다.(이중목적어로 목술의 호응을 지키지 못한 경우)

→ 우리는 굳은 신념을 유지해야 한다.

③ 부사어와 서술어의 호응이 이뤄져야 한다

*앉아서 죽느니 차라리 싸웠다.(싸우는 편을 택했다. -선택)

*왜냐하면 우리가 그 사실을 알지 못했다.(못했기 때문이다. -원인)

*조사를 정확하게 써야 한다.

(1) 보조사의 의미를 정확히 알아야 한다

*격조사: 단어의 격을 지정하는 문법적 역할

(나의 동생이 선생님이 되었다/나에게 사과를 준 사람이 철수이다.)

*접속조사: 문장에 두 요소를 동일한 자격으로 이어주는 문법적 역할

(사과와 배, 귤이며 딸기, 수박이랑 감 등을 마음껏 먹었다.)

*보조사: 단어의 섬세한 의미 전달. (내가 너를 믿는다/나는 너를 믿는다)

-든지 던지의 차이/-과 의논하다(에게×) -상관의 의미/선생님에게 물어보다. 일방적인 행위

(2) 관형격 조사를 남용해서는 안 된다

*국민의 이해가 필요하다.(국민이 이해하는 것이 필요하다)

*나의 그림(내가 그린 그림-주격/나를 그린그림-목적격/내가 가진 그림-소유격/나라는 그림(비유적))

*국민의 권리의 보장의 방안은 무엇인가?

(국민의 권리를 보장하는 방안은 무엇인가)

의미의 명료성 + 표현의 세련성

▶되도록이면 서술형으로 풀고, '의' 이외의 적절한 다른 조사로 바꾸어 주면 한결 좋은 문장이 된다

(3) 이중 사동의 표현은 피해야 한다
*그분에게 저좀 소개시켜주세요.
*노동자를 혹사시키는 노동환경을 개선해야 한다.
*우리의 이상을 실현시키기 위해 노력하여야 한다.

　예문에서 사용된 소개하다/혹사하다/실현하다는 타동사이다. '-시키다'는 자동사에 붙여야 한다.

(4) 자동사의 피동형 또는 이중 피동의 표현을 피해야 한다
*열차가 도착되고 있습니다.(기관사 의식)
*그는 당황된 표정으로 그것을 감추었다.(당황하게 한 그 무엇에 대한 지나친 의식)

　-피동접미사- '이/히/리/기' /// '아지다/어지다', '받다/당하다' 등 보조 용언 이중 사용
*그의 연구로 마침내 의문은 풀려졌다. -'리', '어지다'→ 풀렸다.
*연관되는 어휘는 서로 가까이 놓아야 한다.

① 주어와 서술어를 가까이 놓아야 한다.
② 수식어와 피수식어를 가까이 놓아야 한다.

-서술형은 서술형으로 !
*의미의 중복이 없어야한다
*유도 경기를 관전했다(경기를 보았다)
남성의 담배 흡연율이 매우 높아졌다(흡연율이)
과반수를 넘는 사람들이 찬성했다(과반수의)

대략 30여명가량이 왔다(30명 가량)

개미는 무리를 지어 군집을 이루며 살아간다(무리를 지어)

→ 어휘실력부족/어휘의 명확한 의미 살펴보지 않아서 발생.

3) 퇴고시 체크해야 할 사항

* 단어수준

오자나 탈자는 없는가?

읽는 사람이 이해하기 어려운 단어를 쓰지는 않았는가?

지시대명사나 접속사를 너무 많이 쓰지는 않았는가?

속어, 유행어, 또는 차별어 등 부적절한 용어를 쓰지는 않았는가?

한자어나 외래어를 너무 많이 쓰지는 않았는가?

같은 말을 여러 번 사용하지는 않았는가?

* 문장수준

문장이 너무 길지는 않은가?

주어와 서술어는 호응하고 있는가?

수식어와 피수식어가 너무 떨어져 있지는 않은가?

불필요한 것이 쓰여 있지는 않은가?

4) 세련된 문장 만들기

① 없어도 뜻이 통하는 단어나 어휘를 삭제한다

간혹 문장에서 불필요한 단어나 문장이 들어있는 경우가 있다. 비슷한 내용을 중언부언하거나, 없어도 의미 전달에 전혀 문제가 없는 단어나 문장이 쓰인 경우도 있다.

이런 글은 전체 문장이나 단락의 뜻을 전달하는데 걸림돌 역할을 하거나 간혹 뜻을 모호하게 할 우려도 있기 때문에 과감히 삭제한다.

② 이해가 어려운 부분은 삭제한다

글을 쓰고 퇴고할 때 뜻이 명쾌하게 전달되지 않으면 글의 논리가 제대로 정리되지 않았다는 말이다. 이런 부분은 과감하게 삭제하거나 다시 써야 한다.

③ 너무 자세한 부분을 간결하게 한다

간혹 작가가 글을 읽는 사람의 수준을 감안하여 과잉 친절을 베푸는 경우가 있다. 설득력을 높이기 위해서 보충적으로 설명을 하거나 상세하게 풀어가는 경우도 있지만 과유불급이다. 가급적 전달하고자 하는 뜻을 정확하게 파악하여 일관성 있게 정리하도록 한다. 보충해서 설명을 하고자 하면 불필요한 접속사나 불필요한 수식어를 사용할 수밖에 없다. 문장에서 불필요한 접속사나 수식어를 삭제하는 것도 바로 그런 이유에서다.

④ 문장을 나누어라

적절한 수식어는 문장에 설득력과 생기를 주지만 남발하면 역효과를 가져온다.

한 문장에 같은 성분을 가진 수식어를 연달아 쓰면 문장이 어색해진다.

언덕 아래 주민을 위한 지붕이 빨간 아담한 통나무집이 지어졌다.

위 문장에서 수식어를 모두 제거하면 '언덕 아래 통나무집이 지어졌다'가 된다. 그런데 통나무집을 수식하는 단어들, 주민을 위한 지붕이 빨간, 아담한, 등을 연달아 사용해서 문장이 어색해졌다. 이럴 때는 수식어별로 문장을 나누어 주어야 한다.

언덕 아래 주민을 위한 통나무집이 지어졌다. 지붕이 빨간 색이었다. 아담해 보였다.

영상에 맞추어 반복해서 읽으며 대사와 이야기의 흐름 속에 이해가 가능한 정보는 화면해설에 넣지 않는다.

가끔 해설할 시간이 있음에도 불구하고, 화면 속에 들리는 소리에 대한 구체적인 설명이 생략되어 있거나, 해설을 통해 언급된 사물 및 상황에 대한 설명이 부족한 경우가 있다. 때로는 대사가 없는 부분에서 화면 상황을 좀 더 세세하게 전달하지 못해 시각장애인들이 스토리를 이해하는데 어려움을 겪는 일은 없도록 해야 한다.

5) 카메라 앵글은 보이는 그대로 해설한다

감독이 왜 어떤 장면을 특정한 방식으로 연출했는지를 이해하고, 가급적 대다수가 이해하는 용어로 설명해야 한다. 감상자들의 배경이 다양하다는 사실을 기억해야 한다. 영화를 명확하게 기억하고 있는 사람들은 영화 용어에 익숙할 것이고, 매체에 대한 경험이 전무한 사람은 카메라 용어, 예를 들어 클로즈업, 패닝, 미디움샷, 크레인 샷 등의 표현은 아무런 의미가 없다. 오히려 줄거리를 이용하는데 방해가 될 수도 있다. 여유가 있다면 감독이 왜 어떤 장면을 특정한 방식으로 연출했는가를 이해하고 그것을 대다수가 이해하는 용어로 묘사하는 것은 중요하다. 클로즈업샷은 감독의 의도가 들어있는 앵글이다. 대상이 클로즈업이 되면 '클로즈업 된다'가 아니라 클로즈업 되어 보이는 사람의 표정, 피사체에 대한 모습을 있는 그대로 전달해야 한다.

예를 들면 영화 〈표적〉에서 총상으로 응급실에 실려 온 주인공 백여훈을 의사 태준이 살펴볼 때 상체 가슴팍에 독수리 형상과 혈액형 문신이 클로즈업된다. 여훈의 직업이 용병이라는 사실을 암시하는 대목이다. 이야기의 전개상 여훈 동생으로 인해 사건이 벌어지지만 작품 초반부에 용병 출신의 여훈과 관련한 사건과 갈등 위주로 흘러갈 수 있도록 한 일종의 감독 트릭인 셈이다. 여기서 단순히 '클로즈업 된다'로 처리하기 보다는 문신의 내용을 읽어주어야 한다.

대사	0:04:12~0:04:14	2	골절부위 안보이죠?;옷 좀 찢어볼까요?
NA	0:04:14~0:04:20	6	간호사가 태준을 도와 옷을 가위로 자른다. 온통 피투성이몸, 여훈의 옆구리에 반창고를 떼내는 태준
대사	04:20~04:21	1	이거 총상 아냐?
NA	04:21~04:23	2	여훈의 복부, 출혈과 함께 깊은 상처가 드러난다.
대사	04:23~04:26	2	선생님, 신고해야 되는 거 아니에요?
대사	04:26~04:28	2	아...예
NA	04:28~04:36	8	간호사가 나간다. 의식 없는 여훈을 보는 태준, 단단한 구릿빛 피부, 한쪽 가슴에 독수리 형상과 rh+ ab라는 문신이 있다. 의식을 잃은 여훈의 얼굴

6) 인물은 처음 나올 때 또는 가능하면 빠른 단계에서 그 인물의 이름과 특징을 밝힌다

흐름상 이름을 밝히기 전에는 눈에 띄는 인물의 특징을 추가하여 묘사한다.

영화 〈봄비〉(2015, 감독 서은선)는 전근을 가게 되는 20대 여성 경민이 짐 정리 하러 사무실에 들렀다 평소 호감이 있었던 성호를 우연히 만나면서 포근하고 살며시 내리는 봄비처럼 사랑이 시작된다는 내용이다. 단편 영화(12분)다 보니 주인공이 처음 등장하는 부분에 가급적 빨리 주인공의 성별, 나이, 외모 특징 등을 알려주어야 한다. 〈1〉의 경우 경민이 남자인지 여자인지, 나이는 어느 정도나 되는지, 외모는 어떤지에 대한 아무런 정보가 없다. 스토리를 끌어가는 중심축이 주인공이라고 볼 때 영화 초반부에 주인공에 대한 기본 정보를 전달해야지 관객이 캐릭터를 구축해서 스토리에 몰입할 수 있다.

⟨1⟩

구분	시간	간격	대사 / 화면해설
NA	01:13:52	7	까만 화면에 분홍색 글자가 떠오른다. KAFA 한국영화아카데미
NA	01:13:59	2	KAFA FILMS
NA	01:14:01	3	토요일 낮, 텅 빈 사무실.
소리	01:14:04	4	테이프 소리
소리	01:14:08	1	박스 뒤집는 소리
NA	01:14:09	3	경민이 박스 바닥을 접어 테이프를 붙인다.
NA	01:14:12	6	책과 잡동사니를 박스 안에 넣는 경민.
소리	01:14:18	2	한숨소리
NA	01:14:22	7	경민이 서서 주위를 살피다 오른쪽 사선 건너편 성호 자리로 시선을 옮긴다. 자리에 성호는 없다.
NA	01:14:29	4	하얀색 글자가 화면 중앙에 나타난다. 영화 '봄비'

⟨2⟩

구분	시간	간격	대사 / 화면해설
NA	01:13:52	7	까만 화면에 분홍색 글자가 떠오른다. KAFA 한국영화아카데미
NA	01:13:59	2	KAFA FILMS
NA	01:14:01	3	낮, 텅 빈 사무실.
소리	01:14:04	3	테이프 소리
NA	01:14:07	11	20대 여성 경민이 자기 책상 앞에 서서 종이 박스를 테이프로 붙인다. 박스에 소지품을 챙겨 넣는다. 짧은 숏컷 머리에 예쁘장한 얼굴이다.
소리	01:14:18	2	한숨소리
NA	01:14:22	7	경민이 서서 주위를 살피다가 건너편 성호 자리로 시선을 옮긴다. 자리에 성호는 없다.
NA	01:14:29	4	하얀색 글자가 화면 중앙에 나타난다. 영화 '봄비'

하지만 이야기의 흐름상(긴장, 궁금증 유발)등장인물에 대한 기본 정보를 먼저 제공했다가 사건의 진행 상황에 맞춰 나중에 전달하기도 한다.

영화 〈표적〉에서 백여훈의 동생 백성훈에 대한 정보는 등장 이후 20여분이 지난 후 알려준다. 그 전에는 태준의 아내 '희주'의 납치범의 역할이 부각돼야 하기 때문이다.

스토리 전개상 납치범의 정체가 알려지지 않은 상태에서 관객의 궁금증을 통해 긴장감을 야기시켜야 하기 때문이다. 화면상으로도 납치범의 정체가 드러나기 전까지 얼굴을 드러내지 않은 채 등장한다. 때문에 납치범의 정체를 알려주는 시점은 얼굴이 카메라에 정면으로 잡히는 시점으로 잡아야 한다. 영화의 맥락상 출연자들의 대화에서 납치범의 정체가 백여훈의 동생이라는 사실을 눈치 챌 수 있는 시점과 거의 동일하다.

영화 〈끝까지 간다〉(2013, 감독 김성훈)

25:48		낮, 태준이 경찰서 앞거리에서 휴대전화기를 손에 쥐고 왔다 갔다 한다. 초조해 보인다. 그때 휴대전화가 울린다.
26:02~26:11	9	-여보세요? -전화 당장 바꿔 -예? -병원에 씨발 전화해 봤어 나왔다며?
26:12~26:16	4	-예, 예 같이 있습니다. -오빠! 오빠 괜찮아?
26:16~26:17	1	
26:17~26:22	5	-오빠! 오빠 -희주 희주야! -오빠! -희주야
26:22~26:23	1	당황한 납치범이 희주 입을 막는다.
26:23~26:33	3	-우리... 우리... 우리 희주 괜찮습니까? -잘 있어 그러니까 -그러니까 씨 전화 바꿔
26:35~26:47	12	-보조호흡기를 달고 있어서 말을 못 합니다. -아이씨 씨발! 씨발 새끼! -그만 그만 -그만 그만해
26:47~26:51	4	회전목마에 희주만 두고 문 잠그고 나간다.
26:51~26:54	3	이 봐요 이 봐요!
26:54~26:59	5	희주가 안에서 절박하게 계속 문을 두드린다. 계속 통화중인 납치범.
26:59~27:01	2	메세나 쇼핑몰
28:55		현관문을 열고 들어오는 킬러들.
28:57		여훈이 옷장 빗살 문틈으로 상황을 지켜본다.

	29:00~29:02	2	여기가 백성훈 집 확실한 거지?
	29:02~29:03	1	
	29:03~29:05	2	장사장한테 직접 받았어
	29:05~29:15	10	어둠 속에서 밖을 살피는 여훈. 두 사람은 집안 구석구석을 둘러보고 있다. 옷장안에서 뒷걸음치다 소리가 난다.
	29:15~29:17	2	-무슨 소리 못 들었냐? -무슨 소리?
	29:17~29:18	1	킬러들이 옷장으로 다가온다.
	29:18~29:19	1	못 들었는데
	29:19~29:32	13	긴장한 여훈이 옆에 있는 물건을 집어 든다. 몸을 벽면쪽으로 밀착시키는 여훈. 그때 킬러의 휴대전화 진동이 울린다.
	29:32~29:34	2	백성훈 핸드폰 켰다. 위치 떴어
	29:34~29:35	1	돌아서는 두 사람
	29:35~29:40	5	-어디 봐 -이동중이야 -이 새끼 이제 잡았네 -가자
	30:19		낮, 쇼핑몰 안, 태준이 인파속에서 주변을 둘러본다, 핸드폰이 울린다.
	30:24~30:32	8	-여보세요? -왜 혼자야? -그 사람은 지금 움직이기 힘든 상태라고 했잖아요 -거짓말 하지마! 씨발 -거짓말 아니에요 제가 왜 거짓말을
	30:32~30:34	2	끊어진 전화기를 본다
	30:34~30:36	2	여보세요
	30:36~30:38	2	테이블에서 포크를 슬쩍 들고 가는 납치범

5장. 화면해설, 어디까지 설명할 것인가? 131

	30:38~30:39	1	이씨
	30:39~30:41	2	한편, 도로, 킬러가 성훈의 휴대전화 위치 추적앱을 보고 있다.
	30:41~30:42	1	야
	30:42~30:43	1	
	30:43~30:44	1	빨리 서둘러
	0:30:45~0:30:57	12	속도를 높이는 킬러들, 추격하는 여훈 킬러들을 따라 함께 움직이며 도로를 질주한다.
	0:30:57~0:31:04	7	쇼핑몰 2층, 두리번거리는 태준 뒤에 바짝 붙어 포크로 위협하는 <u>납치범</u>
	31:04~31:23	19	-형 어딨어? 안내해. 거기 형 없으면 여자 죽는다 -형이라구요? -빨리 안내하라구 -희주 어딨습니까? 먼저 보여줘요
	31:23~31:33	10	<u>여훈 동생 성훈(납치범)</u>이 에스컬레이터를 타고 2층에 오는 킬러들을 발견하고 포크를 떨어뜨리고 기겁하며 도망치기 시작한다. 뒤쫓는 태준.
	31:33~31:34	1	거기서 이 새끼야

6장. 화면해설 지점은 어떻게 만들어지는가?[3)]

1. 공간의 비움과 채움

화면해설작가들은 기본적으로 **화면에 담겨진 내용을 충실하게 언어로 옮겨야** 한다는 것을 가장 중요한 제작 원칙으로 설정하고 있다. 일반 시청자들에게는 그리 중요하지 않다고 생각할 수 있는 정보도 시각장애인들의 상상력을 자극하여 **시각적 이미지를 구축**하는데 중요한 열쇠가 되기 때문이다.

해설할 <u>시간이 충분하다면</u> 되도록 **화면에 나오는 것들을 최대한 많이 담아내야** 한다. 원 오디오와 화면해설 간의 여백의 정도, 그 사이에 전혀 다른 설명이나 묘사가 없는 상태가 3초 이상이 되면 시각장애인들이 답답해한다는 모니터 결과가 있듯이 공백을 최소화하는 것이 기본 원칙이다. 등장인물들의 옷차림이나 무슨 음식을 먹고 무슨 차를 타는지…. 만약 술집이나 카페에 간다면 분위기가 어떻고 테이블이 몇 개 정도 있는지…. 이런 사소한 것들 하나하나가 다 등장인물에 대한 정보가 될 수 있다고 생각하기 때문이다. 하지만 시간·공간이 부족한 게 항상 문제인데, 이런 경우엔 **이야기 전개에서 꼭 알아야 할 사건, 대사와의 연계성, 효과음 설명** 등을 우선순위로 넘쳐나는 해설들을 추려 나간다. 일단 틈이 있으면 보이는 대로, 느끼는 대로 모두 설명하고자 한다. 만일 해설시간에 여유가 있을 때에는 비장애인이 시각적으로 느끼는 재미나 부수적인 정보도 해설해준다.

---

3) 하종원·송종현(2011), 「시각장애인 방송환경 개선을 위한 화면해설방송 활성화 방안」, 한국방송통신전파진흥원 57~60쪽 재정리.

시각적 정보를 수용할 수 없는 시각장애인들에게 언어적, 청각적 정보가 부족할 경우 수용의 흐름이 중단된다. 따라서 공백을 두는 것은 가능한 피하는 편이다. 시각장애인들은 영상에서 대사가 없는 2초 이상의 시간에서 답답함을 느끼는 경우가 많다고 한다. 대체로 3초 이상 묵음의 상태가 진행되면 문제가 발생한다고 알려져 있기 때문에 가급적 설명을 넣어줘야 한다.

하지만 반드시 공백을 채우는 것만은 아니다. 흔치는 않지만 때론 생략을 하는 경우도 발생한다. 배우들의 호흡이 살아있다면, 빈 칸을 채우려는 것보다 호흡을 살려 흐름을 끊지 않는 게 중요하다고 본다. 듣는 사람들의 상상력을 침해해선 안 되기 때문이다. <u>대사만으로도 충분히 이해할 수 있는 경우나 생략을 통해 흐름을 좀 더 잘 전달될 수 있다고 판단할 경우에는 **의도적으로 공백**을 둔다.</u>

공백이 도리어 상상력을 유발하는 경우에는 섣불리 화면해설을 붙이는 것보다 그대로 놓아두는 것이 더 효과적이기 때문이다.

27:04		낮, 명진빌딩 골목 옆으로 난 길 주변을 찬찬이 둘러보는 영주 구석 바닥에서 핏자국을 발견한다. 쪼그려 앉아 유심히 들여다보는 영주. 빌딩 벽은 부당경매를 반대하는 벽보로 가득하다. 뭔가 미심쩍어하는 영주, 맞은 편 벽으로 이동한다.
27:28		철문에 다가가 냄새를 맡는다. 김형사와 통화하는 영주
27:39~27:40	1	지문 감식 결과 나왔습니다.
27:40~27:41	1	
27:41~27:48	7	이름은 백여훈이구요 나이는 마흔, 철원에서 특전사 하사관으로 복무하다가 10년 전에 제대했구요.
27:48~27:49	1	
27:49~27:57	8	-보니까 최근까지 동남아쪽에서 용병으로 일을 했네요 -용병? 야 야 이거 넘겨 -예 -잠시만요 예

27:57~27:58	1	
27:58~28:01	3	호크블렛이라고 우리나라에 하나 있는 민간 군사 기업이구요
28:01~28:02	1	
28:02~28:06	4	10년 용병생활 마치고 국내에 3개원 전에 들어온 걸로 나오구요
28:06~28:07	1	
28:07~28:15	1	-야 백여훈 신상 광수대 넘기지 마 -예? -넘기지 말라구
28:15~28:30	15	영주가 전화를 끊고 차에 올라탄다. 표정이 무겁다. 여훈의집, 식탁위에 놓인 잡지책에 메모를 본다〈명진빌딩, 408호 장사장〉.
28:30~28:32	2	장사장
28:32		잠시 생각에 잠기는 여훈, 책상 서랍을 열어 명함 뭉치를 꺼내들고 한장 한장 넘기며 살펴본다
28:44		인력개발 명함 네 장을 손에 든 여훈. 문 열리는 소리에 맥스가 짖는다. 현관문을 향해 짖는 맥스, 여훈이 급히 몸을 피한다.

대사 중간 중간 잠깐의 여유가 있더라도 해설은 생략하는 게 좋다. 또한 현장음이나 음악과 같은 사운드를 통해 상황을 이해할 수 있다고 판단될 경우에도 해설을 생략한다. 문장으로 표현하는 것보다 효과음이 그 장면의 느낌을 더 살려주는 경우에는 해설을 넣기보다 효과음을 최대한 이용하기도 한다. 예를 들어 전화벨이 울리는 소리는 설명하지 않아도 된다고 판단되면 생략하지만 진동음인 경우는 혼란을 줄 수 있어 설명한다. 음악이 더 깊은 의미를 담고 있을 때는 해설로 풀어가는 것을 자제하고 음악을 중심으로 분위기를 살려준다. 물론 이에 대한 판단은 작가의 주관적인 의견일 수도 있기 때문에 논란의 여지는 있다.

2. 소리의 중첩과 삽입

충분한 해설을 하기 위해서는 시간적 여유, 즉 '해설공간'이 선결되어야 한다. 하지만 늘 그런 여건이 마련되는 것이 아니기 때문에 그것이 부족할 경우 어떻게 해설을 붙일 것인가가 항상 어려운 과제로 대두된다. 기본적으로 원 오디오가 중요하기 때문에 그것을 방해하는 것은 지양한다. 하지만, 만일 필요하다면 겹쳐서라도 화면해설을 해주는 경우가 발생한다. **흐름상 꼭 해설을 해줘야 하는 경우**도 있다. 그것을 놓치게 되면 극을 이해하기 힘들어지기 때문이다. 예를 들어 대사가 중요하지 않고 주변 사람들이 웅성거리는 것이라든지 별 의미 없는 잡담 등의 대사인 경우 그 위로 원 오디오를 죽이고 해설을 넣기도 한다.

원 오디오 대신 화면해설을 해야 할 경우, **문장은 가능한 축약**하여 구성하며 **대사의 중요도가 떨어지는 틈을 이용하여 화면해설을 겹치게** 한다. 대사가 계속 이어지는 중이라도 줄거리에 영향을 미치는 어떠한 상황이 벌어지면 대사와 겹쳐서라도 해설을 넣어준다. 가령 두 인물이 대화하는 것을 제3자가 몰래 듣고 있는 경우에 설명이 없으면 시각장애인들은 누군가 엿듣고 있다는 사실을 전혀 모르기 때문에 중요하지 않는 대사를 덮어서라도 해설을 넣어주기도 한다.

궁금증을 유발시킬 수 있는 음향의 소리나 대사의 경우, 중첩이 되더라도 짧게라도 원인이 되는 행동이나 표정을 알려주어야 한다. 그러나 그 중첩이 작은 소리나 불필요한 소음의 경우가 아닌 경우는 살짝만 겹치는 정도로 문장을 최대한 축약시킨다.

이렇듯 원 오디오와 화면해설이 중첩되는 이중형식(dual mode)의 경우 그 두 소리가 다 청취되도록 균형(balance)을 잡아주는 기술적 처치가 뒤따라야 한다는 점이 현실적으로 여의치 않은 실정이다.

하지만 명심해야 할 부분이 있다. 시각장애인들의 청각이 많이 발달했다고는 하지만, **대사나 효과음 등의 원 오디오와 화면해설 내레이션이 겹치면 사실 둘 다 제대로 듣지 못한다**는 모니터 결과도 나타난다. 따라서 원 오디오와 화면해설이 중첩되어 수용에 방해가 될 경우, 최대한 소리가 겹치지 않도록 한다.

화면해설이 꼭 필요한 경우, 행동이 아주 중요하거나 중요한 소품이 등장할 때는 최대한 대사가 겹치지 않도록 **대사 사이사이 틈을 이용하여 화면해설을 삽입**하기도 한다.

이렇듯 대사 사이에 최대한 짧고 간결하게 끊어 넣어주는 방식은 적절한 타이밍을 유지하여야 한다는 점에서 상당히 정교한 작업이라 할 수 있다.

소리는 들리는데 그에 대한 설명이 없어 답답하다는 의견이 제기된다.[4] 제작자의 입장에서는 별도의 화면해설을 붙이기보다는 가능한 현장음을 살려 생생함을 전달하려는 배려일 수도 있지만, 정작 시각장애인들에게는 궁금증을 유발하기 때문에 시간적 여유만 있다면 좀 더 **부연설명**을 해주기를 바라고 있다.

〈천 번의 입맞춤〉에서도 인물의 행동을 묘사하거나 심리적 상태를 보여주기 위해 무리가 안 되는 한도 내에서 화면해설을 대사와 겹쳐 전달하고 있다.

---

4) 하종원·송종현(2011). 「시각장애인 방송환경 개선을 위한 화면해설방송 활성화 방안」. 한국방송통신전파진흥원, 108~109쪽 재인용.

깡마 : 나한테 왜 그래..나도 죽겠는데 나한테 왜 그러냐고!
       으……. 예를 들면은…….
아정   이거. 핸드폰을 막걸리로 바꾸면 몇 병이나 줄까?
깡마   너 이제 막걸리도 먹냐? 너. **(문 걷어차는 소리)**
- 〈마더〉

이 장면에서는 문 걷어차는 소리가 나는데 앞뒤로 소리에 대한 설명이 없다면 시각장애인들은 궁금할 수밖에 없다. 따라서 "진태가 밖에서 문을 걷어찬다"는 화면해설이 있어야 한다.

도준 : 엄마 근데 …. 종판이 걔 있잖아 ….
엄마 : ..왜 …?
도준 : 왜 옥상 위에 올려놨을까 시체를 ? 그 높은 데다… 내가 좀
       생각을 해봤거든 ….
엄마 : 그런걸 뭘 생각을 해 ….
       (달그락 소리)
도준 : 내 생각엔 아마 …. 잘 보이라고 그런거 아닐까?
- 〈마더〉

엄마의 대사 다음 도준이 무언가를 하는지 달그락 거리는 소리가 난다. 그리고 도준의 목소리는 엄마와 마주하지 않은 것처럼 다른 곳에서 들리는데, 이 상황에 대해 화면해설을 추가해 주어야 한다. 예컨대, (달그락 소리) 다음에 "도준이 일어나 엄마의 등 뒤에서 물을 따르고 있다" 식으로 행위에 대한 설명을 해야 한다.

특히 영화는 시공이 자유자재로 변화하는 것이 특징 중 하나다. 때문에 **장면전환, 씬의 변화 후 첫 장면에서는 시공에 대한 정보를 우선적으로 전**

달해야 한다.

(장소: 화장터)

(울음소리) 흑흑흑
친척 1 : ... 세상에 ... 미쳤나봐
― 〈마더〉

이 장면에서는 **빈소의 풍경을 좀 더 설명해야 한다. 우는 소리만 들리고 사람들이 어떤 모습으로 어느 정도 모여 있는지도 여러 가지 궁금증이 생기기 때문이다.** 또한 우는 소리 외에 특별한 대사나 소리가 없어 해설을 하는 타이밍도 적절하기 때문에 이러한 부분에서는 해설이 꼭 들어가야 한다.

NA	04:56~05:01	5	엘리베이터에서 내리는 두사람. 희주가 태준의 팔짱을 끼고 있다
대사	05:01~05:06	5	-가서 일 봐 -응급실에 간호사들 많은데 뭐! 요 앞까지만
NA	05:06~05:11	5	휴대전화 진동이 울리자 태준이 팔짱을 풀고 통화한다.
대사	05:11~05:13	2	알았어 갈게. 간다 가!
NA	05:13~05:14	1	희주 어깨를 감싸는 태준
대사	05:14~05:17	3	-미안 -빨리 가 봐 -미안해
	05:17~05:22	5	-아침밥은 내가한다 -알았어 -더 이상 나쁜 남편 만들지 마라
	05:22~05:23	1	늦지나 마
NA	05:23~05:24	1	병원, 취객이 행패를 부리고 있다
대사	05:24~05:27	3	형이 임마 외로워서 그래 임마
	05:27~05:31	4	쉿~쉿~ 그러지 말고 한 대만 놔주라
	05:31~05:34	3	-아저씨 여기서 이러시면 안돼요. -편의점에서 포도당을 안준대잖아~씨
	05:34~05:36	2	형이 임마 외롭다 아주 진짜..

	05:36~05:37	1	-경비실에 연락해봐요 -네!
	05:37~05:39	2	포도당
	05:39~05:41	2	아이 야! 임마 너....이 씨
	05:41~05:44	3	-아! 아으 -아 아으 하!
NA	05:43~05:45	2	침대에 눕히려다 태준이 같이 바닥에 넘어진다
대사	05:45~05:50	5	-일어나세요. -알았어. 임마 새끼들! 야 형 다친다. 임마
NA	05:50~06:01	11	직원들이 취객을 끌고 나간다. 바닥에 누워 힘겨워하던 태준이 침대 아래로 워커차림 의사가운을 입은 남자를 본다. 의아해하며 일어서는 태준
대사	06:01~06:02	1	저기요
NA	06:02~06:03	1	태준이 남자를 부른다
대사	06:03~06:04	1	저기 선생님
NA	06:04~06:09	5	남자를 따라가던 태준이 여훈 병실로 돌아와 커튼을 젖힌다.
대사	06:09~06:10	1	어떻게 된 거지?
NA	06:10~06:11	1	링거줄(혈액줄)이 잘려져 있다.
대사	06:11~06:13	2	왜 라인이 끊어져 있는 거야?
NA	06:13~06:16	3	태준이 여훈의 산소호흡기를 떼고 호흡을 확인한다.

3. 기타 화면해설 작업시 주의 사항

1) 내레이터

화면해설은 내레이터라는 '목소리'가 등장함으로써 '화자의 개성' 즉 '목소리의 개성'에 의해 영화 전반에 새로운 분위기를 조성한다. **전달**은 안정적이고, 과격하지 않고, 비개인적이어야 한다. 그렇다고 단조로워서는 안 된다. 가능하면 해설자의 개성이나 관점이 프로그램의 느낌에 변화를 주어서는 안 된다.

때문에 영화의 장르나 분위기에 맞게 신중하게 내레이터의 목소리를 결정해야 한다.

내레이터는 기본적으로 감정을 자제하고, 객관적인 중계자의 역할을 해야 한다. 그러나 간혹 긴장감이 있는 장면이나 감성적인 분위기의 경우는 그에 맞게 읽는 방법에 다소 변화를 주기도 한다.

그 외 내레이터를 선정할 때 영화의 등장인물 특히 주연급 배우들의 목소리와 캐릭터가 중복되는지를 확인해야 한다.

2) 시제

화면해설은 실시간으로 이루어져야 하며, 현재시점을 일반적으로 사용하고 진행형은 적당한 경우에 사용해야 한다. 화면해설은 영상에서 누가, 어디서, 무엇을, 어떻게, 왜 하는지를 친절하게 이야기해 주는 작업이다. 화면해설이 시각장애인에게 영화를 직접 보는 것과 같은 느낌을 전달하기 위해서는 눈앞에 펼쳐지는 화면을 그대로 그려내야 하기 때문에 가급적 현재시제를 쓴다.

간혹 습관적으로 현재진행형을 사용하는 경우가 있다. 하지만 영화 속에서는 모든 것들이 진행되고 있는 상황이지만 현재형으로 쓰는 습관을 길러야 한다. 창문이 열려 있고, 태양이 빛나고 있고, 구름이 흘러가고 있고, 사람들이 웃고 있다 등등 상태(존재)를 나타내는 경우를 제외하고 진행형인 '있다'는 가능한 절제해서 써야 한다.

부사의 사용은 감정이나 행동을 묘사하는 좋은 방법이나 주관적으로 사용해서는 안 된다. 전체적으로 단어는 프로그램 장르와 매치될 수 있어야 하며, 정확하고, 이해하기 쉽고, 간결해야 한다.

해설은 그 자체만으로도 의미가 통하는 글이어야 할 뿐 아니라 소리를 통해 전달되는 만큼 귀로 들었을 때 리듬이나 여운도 중요하다. 따라서 동사의 선택에 따라 듣는 즐거움이 달라진다는 것을 기억해야 한다.

3) 회상 장면

처음 화면해설을 하는 작가들이 만나게 되는 첫 번째 관문은 회상 장면이다. 화면해설은 현재 시제가 기본이지만, 영화는 툭 하면 회상장면이 등장한다. 현재가 아닌 회상 장면은 어떻게 표현해야 할까? 비장애인들은 화면의 효과를 통해 회상 장면이라는 것을 자연스럽게 이해하지만 시각장애인들은 다르다. 인물의 옷차림과 동작에 대한 정보나 말투만으로는 현재인지 회상인지 구분하기 어렵다. 그럴 경우, 회상 장면임을 반드시 알려 줘야 한다. 하지만 회상과 현재가 계속 교차하게 되는 영화의 경우 '회상이다', 'ㅇㅇ의 회상', 이라고 반복할 수는 없다.

이럴 때는 장면전환을 위한 시간이 충분하다면 '어린 시절의 기억이 떠오른다, 그 시절의 추억 속으로 빠져든다' 등으로 표현하기도 한다. 만일 이런 해설을 할 시간이 없을 때는 현재 장면으로 돌아와서 표현하기도 한다. 예를 들면 '어린 시절의 추억을 떠올려 보는 ㅇㅇ의 얼굴에 미소가 번진다', '지난 기억에서 빠져있던 ㅇㅇ'. 으로 제시해야 한다.

4) 언어적 표현 측면[5]

화면해설은 대본의 지문과 비슷하다. 그래서 많은 사람들이 '누구, 무엇하다'라는 식의 문장으로 묘사한다. 하지만 귀에 더 부드럽게 들리고 영화나 드라마 속에서 화면해설이 튀지 않기 위해서는 '누가 무엇 하다'라고 쓰는 것이 필요하다. 앞서 영상글쓰기에서 제시한 〈좋은 글쓰기〉의 문장 구조와

---

[5] 하종원·송종현(2011). 「시각장애인 방송환경 개선을 위한 화면해설방송 활성화 방안」, 116~123쪽 재정리.

어휘에 대한 부분을 한 번 더 확인하기를 바란다. 특히 3C를 기억하자! Clear(쉽고, 분명한 글) Correct(정확한 글) Concise(간결한 글)! 언어표현 측면에서 다시 한 번 점검해봐야 하는 원칙이다.

(1) 부적절한 표현 / 어색한 표현

화면해설에서 적절하지 않고 어색한 표현은 어떤 것들이 있을까? 이는 다분히 수사적 표현에 관한 것이기에 보는 시각에 따라 다른 평가를 내릴 수 있는 부분이다. 분명한 것은 시각장애인들은 언어로 이미지를 구성한다는 점에서 상당히 표현에 민감하고 적절치 못하거나 어색한 표현은 작품에 대한 몰입과 이해를 방해한다는 점이다. 시각장애인들은 문장의 구성이 부드럽게 이어지기를 바라며 지나치게 문학적 수사가 동원된 표현보다는 익숙한 용어로 간결하게 정리되어 이해하기 쉽게 표현되기를 원하고 있다.

멀리서 복면을 쓴 자가 말을 타고 달려오면서 자객들을 향해 화살을 쏘아 날린다.

― 〈무사 백동수〉

같은 의미의 단어인 (화살을) '쏘다'와 '날린다'가 연속적으로 나타나 있어 듣기에 불편하다. 이는 마치 물을 '마시고 삼킨다'와 같이 중언부언이라고 본다. 이 중 하나만 선택하여 간결하게 표현해야 할 것이다.

그가/ 말 속도를 늦추면서 주위를 둘러보는데/ 하늘 천자를 새긴 검이 / 땅에 거꾸로 박혀 있는 것이 먼 시선으로 보인다.

― 〈무사 백동수〉

'먼 시선으로'라는 표현은 어색하다. '먼 시선으로'를 따로 배열하는 것이 아니라 문장에 녹이는 것이 낫다. 또한 '~ 검이'와 '~ 있는 것이'처럼 주어가 두 개 있는 것도 듣기에 불편하다. 이를 하나로 합친다면 해설의 호흡을 유지함에 있어서도 용이할 거라는 생각이다. 즉 "그가/ 말 속도를 늦추면서 주위를 둘러보는데/ 저만치 하늘 천자가 새겨져 땅에 거꾸로 박힌 검이 보인다"

 그들 주변에/ 어디선가 날려 온 꽃잎들이 팔랑거린다.
-〈무사 백동수〉

이 장면은 칼과 칼을 맞대고 검술대결을 펼치고 있는 긴박한 상황이다. '팔랑거리다'라는 아늑하고 평안한 듯 한 형용사의 사용은 애써 올려놓은 감정을 저하시킨다. 조금 더 긴박함을 고조시킬 수 있는 '휘날린다'가 좋을 것이다. "어디선가 날아온 꽃잎들이 그들의 주위에서 휘날린다"

 (조금 빨리) 흑사모가/ 대답할 가치도 없다는 듯 문 쪽으로 가다가/ 뿌듯한 얼굴로 동수를 돌아본다.
-〈무사 백동수〉

'대답할 가치도 없다는 듯'이라는 표현은 상대방을 무시하는듯한 표현인데 '뿌듯한 얼굴'이라는 표현을 보면 실제는 무척 만족해하는 것이므로 앞뒤가 맞지 않는다. 차라리 '더 대답할 필요가 뭐 있겠느냐는 듯'이라고 하는 것이 적절하다.

 동수는/ 불타는 서까래를 더 높이 받쳐 올리기 위해/ 태어날 때부터 굽어져 있던 팔꿈치를 반듯하게 편다./
-〈무사 백동수〉

팔을 편 것은 동수의 의지가 아니다. 상황이 긴박하다 보니 저도 모르게 팔이 펴진 것이다. 따라서 지금의 해설은 적절치 않다. 그보다는 "동수가 불타는 서까래를 더 높이 받쳐 올리기 위해 힘을 주는데, 태어날 때부터 굽어져 있던 팔꿈치가 저도 모르게 곧게 펴진다"가 적절하다.

마을 여자들이 아르마딜로의 몸을 껍질에서 분리한다.
— 〈아마존의 눈물〉

'분리한다'는 표현보다는 그냥 '… 껍질을 벗겨낸다'라고 하는 것이 더 자연스럽다.

악어가 사나운 이빨로 뭔가를 씹어 먹는데, 물고기다.
— 〈아마존의 눈물〉

귀로 화면을 보는 사람들에게는 은유나 비유, 다른 문학적 표현보다는 간결하고 정확하게 현재의 화면 상태를 알려주는 것이 좋다. 여기에서도 "악어가 사나운 이빨로 물고기를 씹어 먹고 있다"가 이해하기가 더 쉽다.

소영이 자명종 시계를 앉은뱅이책상에 올려놓다가 프로필 서류 한 장을 집어 든다.
— 〈동안미녀〉

'앉은뱅이책상'은 장애인을 비하하는 말 같아서 어감이 좋지 않다. 장애에 민감한데 앉은뱅이라는 말보다는 그냥 '좌탁'이나 '책상'으로 수정하는 것이 무난하다.

마치 새 한 마리가 자유로이 공간 이동을 하는 듯, 사방이 푸르른 나무들로 둘러싸인 조선 왕릉의 구조가, 그래픽 화면으로 생동감 있게 보여진다.
— 〈신들의 정원〉

'공간이동'이라 하면 이동하는 경로가 생략된 채 A에서 B의 공간으로 바로(찰라) 이동하는 형태인데 해당 화면은 이동 경로를 자연스럽고 순차적으로 지나가므로 공간이동이란 표현은 적절치 않다.

> 어디에도 시선을 두지 않는 엄마의 얼굴엔 ~~표정어 다 날아가서~~ 어떤 감정조차 남아있지 않다. 창백한 피부, 꾹 다문 입술, 텅 빈 시선만이 허공을 맴돌고 있다.
>
> ―〈마더〉

시에서나 표현될 법한 '표정이 날아가다'는 표현은 다소 무리가 있다. 추상적인 이미지를 갖기 때문이다. 여기에서는 표정이 사라진 엄마의 얼굴이라고 할 수 있음에도 너무 문학적으로 어렵게 표현하려고 했던 것 같다.

(2) 잘못된 / 어려운 단어

어떤 단어를 선택하느냐의 문제 역시 중요하다. 문맥상 틀린 단어를 사용하였을 경우 흐름이 깨지거나, 잘 모르는 단어를 사용하였을 경우 무슨 뜻인지 모르고 대충 짐작으로 넘어가게 되면서 작품 몰입에 어려움을 겪기 때문이다. 사소한 듯 하지만 시각장애인들은 집중력과 기억력이 상대적으로 발달하였기에 이런 디테일한 부분들도 적절하고 합리적인 어휘를 선택해주어야 작품 몰입에 방해가 되지 않는다. 단어 하나의 차이가 때론 전체적으로 아주 다른 내용으로 이해할 수도 있기 때문에 평소에 쉽게 접할 수 있는 단어들로 해설하는 것이 시각장애인들이 작품을 감상하는데 바람직할 것이다.

판잣집 안에서는/ 박씨가/ 의원이 새로 지어준 탕재를 구석에 감추고 있다./ 벌써 **네 첩**이나 숨겨져 있다./ 박씨는/ 눈에 띄지 않게 모포로 덮어놓은 다음/ 지친 기색으로 주저앉는다.

－〈무사 백동수〉

'벌써 네 첩이나 숨겨져 있다'는 부정확한 표현이다. 보통 탕재의 한제는 스물한 첩으로, 네 첩은 이틀 치에 불과한 아주 적은 양인데, '벌써' 네 첩이나……라는 것은 적절하지 못한 표현이다. 네 첩이 아닌 '네 재'라고 해야 한다.

나무사이를 뛰어다니는 원숭이를 발견하고 **얇은** 화살을 나무통에 밀어 넣는다.

－〈아마존의 눈물〉

'얇은'은 두께를 나타내는 말로서 여기에서는 '가는'이라고 해야 맞는 말이다.

삐라루꾸 가죽으로 만든 **손가방과 핸드백**,
(샌들) 샌들, (가방) 여성용 가방
(붉은 구두) 가죽에 붉은 염색을 들여서 만든 샌들

－〈아마존의 눈물〉

손가방이나 핸드백이나 같은 개념이라 할 수 있다.

전문적인 영역(예컨대, 패션이나 증권 등)을 다루는 드라마나 과거를 무대로 하는 사극의 경우 전문적이고 생소한 단어들이 다수 나온다. 이러한 단어들은 내용을 정확하게 이해하거나 정보의 습득에 중요한 열쇠가 되기도 한다. 누구나 쉽게 이해할 수 있게 좀 더 쉬운 표현과 일반적인 용어로 해설해야 한다.

　　약간 마른 듯 한 아담한 체형에/ **뱅스타일** 앞머리와/ 층을 내준 **볼륨형** 단발머리가 그녀를 더 동안처럼 보이게 해준다.

-〈동안미녀〉

'뱅스타일 앞머리'가 무엇인지 남자들은 잘 모르며, 또 여자라 하더라도 시각장애인들은 잘 모르는 말이다. 정확하게 표현하기 위해 동원된 용어이지만 오히려 뱅스타일 앞머리나 층을 내준 볼륨형 단발머리가 어떤 것일까? 하는 궁금증은 작품 몰입에 방해를 준다. 그냥 '아담한 체형에 단발머리가 …….' 라고 해도 좋을 것 같다.

　　산언덕에서는/ 김광택과 '천'의 대결이 계속되고 있다./ 두 사람의 검이 / 동시에 상대의 품을 파고들면서 마주친다./ '천'의 검 날이/ 수평으로 낮게 공격해 오자/ 김광택은/ **신형**을 솟구쳐 펄쩍 뛰어 올라 피한다.

-〈무사 백동수〉

이 드라마는 사극이며, 검술 대결이 많이 나오기 때문이어서인지 무협소설의 용어가 자주 사용되고 있지만 그 용어들의 정확한 의미를 알 수가 없으며 사전에도 나오지 않는 경우도 많다. 여기에서도 '신형을 솟구쳐' 보다는 '몸을 솟구쳐'라는 쉽고 일반적인 표현이 더 적절하다고 생각한다.

　　갓을 쓰고 도포를 입은 한 사내가/ **푸른 초장** 사이에 난 길을 따라/ 빠르게 말을 몰아 질주하고 있다./ 사내는/ 거칠게 달리는 말 등에서/ 당당한 풍채를 과시하듯 꼿꼿하게 허리를 세우고 있다./

-〈무사 백동수〉

'푸른 초장'이라는 설명은 난해하여 이해하기에 어려움이 있다. 차라리

'초원'이라는 단어 선택하는 것이 나을 듯하다.

 광장에서는/ 장대포가/ **낭선**으로, 날아드는 창을 걷어내며 싸우고 있다./ 그 중 하나가 백사굉 앞으로 날아가자 움찔 돌아보는데/ 화살이 날아와서 장대포의 허벅지에 박힌다.
-〈무사 백동수〉

'낭선'이 무슨 의미인지 파악이 안 된다. 사전에서 찾아보면 조선시대의 무기의 하나인 낭선창의 준말 혹은 그것을 통해 하는 무예라고 나오는데 이런 어려운 용어보다는 그냥 '깃발을 꽂은 장대'라고 해설하는 것이 도리어 이 상황을 이해하는데 도움이 될 듯하다.

 김광택과 '천'이/ 서로 **합**을 나누더니/ 검신을 맞댄 채/ 팽팽한 힘겨루기를 하며 옆으로 뛰기 시작한다./ '천'이/ 이를 악물고 검을 비껴 쳐내는 동시에/ 김광택의 미간을 향해 검 끝을 겨눈다.
-〈무사 백동수〉

'합'이라는 단어는 여러 사람에게 생소할 수 있다. 그렇기 때문에 모든 사람이 쉽게 알 수 있는 '검을 겨루더니' 같은 표현으로 바꾸는 것이 좋겠다.

(3) 작가의 주관적 표현

 화면해설은 화면에 대한 단순한 묘사가 아니라 재구성과 재창조의 과정으로 이해할 수 있다. 따라서 화면해설작가가 일정 부분 창작적 표현을 할 수 있다. 이에 대해 시각장애인들은 그 취지를 이해하면서도 지나치게 작가가 단정적인 표현을 할 경우 시각장애인 개개인의 느낌을 방해하는 결과로 나타날 수 있다는 점에 우려를 표한다. 이는 상당히 미묘한 사안으로 화면해설에 있어서 주관적 창작과 객관적 묘사의 접점을 어떻게 설정하는가에 대한 과제를 던진다.

> 장소: 공터(비 / 낮)
> 동수와 비슷한 또래의 소년 여운이/ 공터에서 비를 맞으며 목검 수련을 하고 있다./
> ---- (중략) ----
> 분개한 여초상이/ 있는 힘껏 목검을 휘두르는데/ 여운이 슬쩍 몸을 피하는 바람에 기둥을 때린다./ 여초상은/ 반으로 부러진 목검을 바닥에 팽개치고 가버린다./ 여운은/ 동강 난 목검 자루를 집어 들고 살펴보다가/ **뭔가 좋은 생각이 떠오른 듯**/ 해맑은 미소를 짓는다.
> — 〈무사 백동수〉

'뭔가 좋은 생각이 떠오른 듯'이라는 부분은 공감할 수도 있는 표현이겠지만 조금은 주관적이라는 생각도 든다. 이 부분을 꼭 넣어야 할 당위성이 없다면 그냥 빼고 그 느낌을 시청자 각자에게 맡기는 것도 괜찮을 듯하다. 왜냐하면 아직은 여운이 어떤 생각을 하고 있는지 짐작만 할 수 있을 뿐 확실치 않기 때문이다.

> 두 부자를 바라보는 '천'의 눈빛은/ 깊이 눌러쓴 삿갓에 가려져 있다./ 오열하던 여운이/ 그예 혼절해 쓰러지자/ '천'이/ 마치 **축배라도 드는 듯**/ 호리병에 든 술을 입에 콸콸 부어 마신다./ 그리고/ 거세게 빗줄기를 쏟아내는 하늘을 향해 천천히 고개를 든다.
> — 〈무사 백동수〉

'축배라도 드는 듯'은 작가의 주관적인 표현으로 여겨진다. 전반적인 맥락으로 보면 '천'은 '인'과는 달리 완전한 악인은 아닌 것으로 묘사된다. 부자지간의 운명을 지켜보면서 씁쓸한 표정인 것 같았는데 '축배를 든다'는 식으로 그것을 표현하는 것은 적절치 않다.

스스로에게 위로하듯 애써 미소를 지어 보지만 그녀의 커다란 눈망울에 어느새 눈물이 차오른다.
— 〈동안미녀〉

'스스로를 위로하듯'이라는 것은 주관적 표현 같다. 차라리 객관적으로 **행동 묘사**로 해설을 해주는 것이 좋다. 예컨대, "소영은 발걸음을 떼지 못한 채 허탈하게 한숨을 지으며 차오르는 눈물을 참아낸다" 정도가 객관적인 행동 묘사에 가깝다.

소영은 어이도 없고 **비참한 기분까지 들어** 소주를 따라 단숨에 마신다.
— 〈동안미녀〉

'비참한 기분까지 든다'는 표현은 주관적인 표현인 것 같다. 행동 묘사만 해주는 것이 나을 듯하다. 예컨대, "소영은 어이없는 표정으로 소주를 따라 단숨에 마셔버린다"

걸어갈 때마다 **촌스러운** 바지 안으로 앙상한 몸이 언뜻 언뜻 드러난다.
— 〈마더〉

'촌스러운' 바지라는 것은 틀렸다고 할 수 없는 해설이지만 주관적인 생각이 들어갔다고 본다. 이 장면에서는 엄마가 촌스러운 스타일이라는 것을 보여주는 것이 아니라 초라하고 약한 모습을 보이려 했다고 보는데 그렇다면 촌스러운 것이 아니라 '남루한' 것이라고 해야 영화의 분위기나 의도와 더 잘 맞는 해설이다.

철계단을 지나 옥상에 도착한 엄마는 시체가 있던 난간을 찾아서 두리번거린다.
 난간 앞으로 간 엄마는 얼어붙은 듯 눈앞에 펼쳐진 광경을 본다.
 마을 전체가 **납작하게** 엎드려 있다.

－〈마더〉

 마을 전체가 '납작하게' 엎드려져 있다고 마을을 의인화한 표현은 문학적으로는 좋은 표현이겠지만 작가의 주관적인 생각이다. 화면을 보지 못하고 해설에 의존하여 상상하는 시각장애인들에게는 조금 더 쉽고 객관적인 해설이 필요하다. 예컨대 '마을 전체가 한눈에 들어온다'라든지 '마을 전체가 납작하게 엎드린 ○○○처럼 한눈에 들어온다'는 식이 더 적절하다.

7장. 국내외 화면해설방송 현황과 관련 정책

1. 화면해설방송의 정의

 화면해설방송은 기술적 내지 법률적으로는 "시각장애인을 위하여 화면의 장면이나 자막 등을 음성으로 전달하는 방송"(장애인방송 제작 및 편성 등 장애인 방송접근권 보장에 관한 고시) 또는 "시각장애인들을 위해 프로그램 인물들의 행동, 의상, 몸짓 및 기타 장면의 상황변화 요소들을 음성으로 설명하는 서비스를 실시하는 프로그램"(2012년 방송평가규칙 세부기준)으로 정의될 수 있다.
 그러나 시각장애인들에게 있어 화면해설방송의 함의는 단순히 기술적인 또는 법률적인 서술만으로는 충분히 설명되지 못한다. 왜냐하면 이들에게 있어 화면해설방송은 사회적이면서도 문화적인 의미를 지니고 있기 때문이다.
 시각장애인들이 방송 프로그램을 시청하는데 있어 가장 만족스럽고 편안한 방법은 무엇일까? 시각장애인들과의 면담을 통해 확인할 수 있었던 것은, "TV를 보면서 궁금한 장면을 함께 시청하는 가족이나 친구가 설명해주는 것"이라고 한다. 화면해설방송은 이런 가족과 친구를 대신하는 역할을 수행하고 있는 것이며, 이것이 바로 수용의 차원에서 화면해설방송이 갖는 사회적 함의라 할 수 있다.
 한편 화면해설방송은 자막방송이나 수화방송과는 달리, 방송내용에 대한 '새로운 해석'의 과정이 동반되는 특성을 지닌다. 화면해설작가가 간결하고, 생생하며, 상상력을 내포하는 단어들을 사용해 시각장애인에게 시각적 이미지를 전달하는 '창조적 과정'인 것이다. 따라서 무엇보다 화면해설방송 제작에 있어 시각장애인 시청자에게 어떤 정보가 필요한가에 대한 판단과 선택의 전문성이 요구된다 하겠다.

보건복지부 통계자료에 의하면 우리나라의 시각장애인 인구는 2010년 12월말 기준으로 25만여 명으로, 전체 국민의 약 0.5%에 이르고 있다. 즉 200명 중의 1명은 시각장애인으로 등록되어 있다는 것이다. 결코 적다고 할 수 없는 규모이다.

화면해설방송은 이들 시각장애인들의 방송접근권을 보장하기 위한 공익적 서비스라 할 수 있다. 방송의 공익성이 국민 모두에게 합리적인 가격으로 방송에 대한 접근권을 보장하는 보편적 서비스의 의미를 지닌다고 할 때, 우리 사회의 한 영역을 점유하고 있는 시각장애인들 또한 본인의 필요에 따라 언제든지 방송에 대한 접근이 보장되어야 하기 때문이다.

그러나 현실은 녹녹치 않다. 국내에서 방송되는 프로그램 중에서, 그것도 지상파방송의 경우에만 5% 내외의 프로그램만이 화면해설방송으로 제작되고 있기 때문이다. 나머지 95%의 방송 프로그램은 영상화면에 대한 해설 없이 음성 정보를 통해서만 시청이 가능한 상황인 것이다.

방송통신위원회는 이러한 현실을 개선하기 위해 '장애인방송 제작 및 편성 등 장애인 방송접근권 보장에 관한 고시'를 제정, 공표한 바 있다. 동 고시에서는 지상파방송의 경우 향후 3~4년 이내에 화면해설방송의 편성비율을 10%까지 상향하고, 나아가 화면해설서비스의 사각지대였던 유료방송 영역으로까지 확장할 것을 요청하고 있다. 물론 이는 2008년 4월 시행된 '장애인 차별금지법'에서 이미 강행규정으로 명시되었던 방송사업자의 장애인방송 제공을 방송사의 준비정도와 재정 상태를 감안해 단계적으로 확대하기 위한 절충적 성격을 지니고 있다. 화면해설방송 서비스의 전면적 시행의 현실적 어려움을 감안한 것이다.

2. 국내 화면해설방송 제작 지원 정책

o 시청각 장애인이 일반인과 동등하게 방송을 시청할 수 있도록 방송사업자의 자막·수화·화면해설방송 제작을 지원

- 방송사업자의 자막·수화·화면해설방송 제작 지원을 통한 시청각 장애인의 방송접근권 보장

- 장애인 등 방송소외계층의 방송을 통한 정보와 지식 획득기회를 증대하여 장애인과 비장애인 간 방송격차 해소

□ 법적근거

o 방송통신발전 기본법 제26조(기금의 용도)

> ① 기금은 다음 각 호의 어느 하나에 해당하는 사업에 사용된다.
> 10. 방송통신 소외계층의 방송통신 접근을 위한 지원

o 방송법 제69조(방송프로그램 편성 등)

> ⑧ 방송사업자는 장애인의 시청을 도울 수 있도록 수화·폐쇄자막·화면해설 등을 이용한 방송(이하 "장애인방송"이라 한다)을 하여야 하며, 필요한 경우 방송통신위원회는 그 경비의 전부 또는 일부를 「방송통신발전 기본법」 제24조에 따른 방송통신발전기금에서 지원할 수 있다.
> ⑨ 제8항에 따라 장애인방송을 하여야 하는 방송사업자의 범위, 장애인방송의 대상이 되는 방송프로그램의 종류와 그 이행에 필요한 사항은 대통령령으로 정한다.

o 장애인차별금지법 제21조(정보통신·의사소통에서의 정당한 편의제공의무)

> ③ 「방송법」 제2조제3호에 따른 방송사업자와 「인터넷멀티미디어방송사업법」 제2조제5호에 따른 인터넷멀티미디어 방송사업자는 장애인이 장애인 아닌 사람과 동등하게 제작물 또는 서비스를 접근·이용할 수 있도록 폐쇄자막, 수화통역, 화면해설 등 장애인 시청편의 서비스를 제공하여야 한다.
> ⑥ ------(생략)------제3항과 제4항에 따른 사업자의 단계적 범위와 제공하여야 하는 편의의 구체적 내용 및 그 이행 등에 필요한 사항은 대통령령으로 정한다.

다음은 방송통신위원회의 2014년도 장애인방송 제작지원 현황을 나타내는데, 정부는 총 125개 방송사 및 방송채널사용사업자(program provider: pp)를 대상으로 약 40억 7948만 원을 지원했음을 보여준다. 그리고 장애인 청소년을 위해 총 445편의 화면해설방송 교육방송물을 보급했다.

〈표 1〉 2014년도 장애인방송 제작 지원 현황

구분		지원 방송사 수	지원금액(천 원)
2014년	중앙지상파	4개사	1,684,042
	지역지상파	38개사	839,227
	SO 및 위성	67개사	215,329
	PP	16개사	1,341,244
	합계	125개사	4,079,842

출처: 한국방송통신위원회, 2014년도 장애인방송 제작 지원 현황

〈표 2〉 장애인청소년을 위한 장애인 교육방송물 보급 지원

구 분	자막방송	화면해설방송	계	비고
실적	2,736편	445편	3,181편	

출처: 한국방송통신위원회, 2014년도 장애인방송 제작 지원 현황

다음 표는 2014년도 방송소외계층 방송수신기 보급 현황인데, 한국방송통신전파진흥원을 통해 시각장애인을 위한 화면해설방송수신기 총 6,257대를 보급했다.

〈표 3〉 2014년도 방송소외계층 방송수신기 보급 현황

구 분	자막방송수신기	화면해설방송수신기	난청노인용수신기	계
보급대수	6,257대	6,257대	3,033대	15,547대
보급대상자 (추계)	전국 청각장애인 282,703명	전국 시각장애인 267,471명	전국 난청노인 1,907,465명	2,457,639명
수행단체	KCA	KCA	KCA	
사업수행 기간	'14년 1월~12월	'14년 1월~12월	'14년 1월~12월	
지원액 (백만 원)	1,409백만 원	1,409백만 원	184백만 원	3,002백만 원
제작업체	삼성전자	삼성전자	이소닉	
수신기단가	205,000원	205,000원	39,600원	
보급절차	방송통신위원회 (사업 시행) ▶	한국방송통신전파진흥원 (수행단체 공모 심사/선정) ▶	수행단체 (제작업체 공모 보급대상자 선정) ▶	제조업체 (선정 및 제조) 보급대상자 (선정 및 보급)
	※자막방송수신기, 화면해설방송수신기 보급 사업은 KCA에서 직접 수행하였으며, 조달청 공개입찰을 통해 업체를 선정하여 사업 진행			

출처: 한국방송통신위원회, 2014년도 방송소외계층 방송수신기 보급 현황

3. 해외 방송소외계층 지원 현황과 정책

1) 미국

미국의 소외계층지원은 연방통신위원회인 FCC(Federal Communications Commission) 의 CGB(Consumer & Governmental Affairs Bureau) 산하의 장애인국인 DRO

(Disability Rights Office)를 중심으로 진행되고 있다. FCC의 소외계층 우대 방송정책은 소수집단의 필요와 이익을 반영하는 프로그램 편성의 확보라는 목적으로 실시되고 있다. 특히 소외계층 방송사 소유주들에게 방송 프로그램의 다양성 정책의 성공여부가 이들의 책임에 달려 있다는 점을 상기시키면서 FCC에서는 정책의 효율성으로 소외계층 방송 소유주와 고용인들이 프로그램의 편성을 통해 이를 실현하고자 하는 의지와 능력을 강조한다(Tabor, 1991).

FCC는 소외계층의 방송사 소유가 증가함에 따라 소외계층의 목소리와 의견이 방송 프로그램에 반영되는 확률도 높아질 것으로 기대했고, 다음 4가지 소외계층에 대한 우대정책을 통해서 소외계층의 방송사 소유를 지원하고 있다. 면허과정에서의 자격강화, 방송사 구매에서의 소외계층 소유주 우대, 소외계층 방송사 구매자 세금감면정책, 면허권 추첨시 우대정책 등이다. FCC측은 이러한 소수계층 우대 정책의 결과 소외계층의 방송사 소유비율이 1978년 1%에 불과하던 것이 1999년 3.5%로 증가했다.

또한 미국의 경우 대다수의 상업방송 네트워크 프로그램을 자막처리(폐쇄자막 방송)하고 있다. 공공 텔레비전 경우 거의 100%, 톱 6 프리미엄 케이블 네트워크 프로그램의 60%에 자막 서비스가 제공되고 있고, 또한 청각장애인이나 난청자를 위하여 자막 방송 시스템이 고안된 것이 아니라 실시간 정보를 동시에 미전역에 보내려는 목적으로 서비스를 실시하였다. 그 결과 1991년 Closed Caption 방식의 자막방송을 실시하는 방송사는 전체의 3분의 2를 넘어섰고 Closed Caption 처리되는 방송프로그램도 주당 400시간을 넘어서게 되었다. 그 후 FCC는 1999년 법률 개정 공고를 통해 몇 가지 화면해설 방송과 관련된 규칙을 제정하여 장애인들을 위한 화면해설 방송을 실시하고 있다.

노인들의 방송시청을 위해서는 1990년 노인청(Administration of aging)을 설립하고 각주 정부마다 노인문제 전담부서(Department of aging)를 두어 연방-주-지방 정부간 협력활동을 전개하고 있다. 그리고 고령층 정보화를 위한 비영리단체인 시니어넷(Seniornet)에서 개인 및 기업 후원자들의 재정지원을 토대로 50세 이상 정보화 교육을 담당하고 있다.

특히 각 지부에서 운영하는 교육 센터에서 고령층의 정보화를 위해 정보화 교실 등의 프로그램을 운영함으로써 저렴한 비용으로 고령층의 정보화에 친숙할 수 있는 환경을 제공하고 있다. 또한 DRO는 통신부분의 장애인 접근권, 긴급정보(emergency information) 정책과 함께 자막방송에 대한 정책 수립 및 관련 자문역할을 수행하고 있다.

미국의 주요 방송 소외계층 지원 법안으로는 〈장애인법(American Disabilities Act ; ADA)〉, 〈노인과 장애인을 위한 투표 접근법(The Voting Accessibility for the Elderly and Handicapped Act)〉, 〈21세기 통신 및 미디어 접근성 법(The Twenty-First Century Communication and Video Accessibility Act, CVAA)〉을 예로 들 수 있다.

그리고 FCC는 시각 장애인을 위한 화면해설규정인 "New Video description rules"이 발효되어 2012년 7월 1일부터 미국 상위 25개 방송시장(DMA) 내의 4대 전국 네트워크 계열 방송사들과 최소 5만 명 이상의 가입자들을 가진다. 채널 비디오 프로그램 제공자(MVPD)들은 화면해설 서비스를 제공해야 한다. 이것은 2010년 10월 8일 제정된 CVAA에 따라 FCC는 지난 2000년 채택된 "video description rules"을 수정하여 다시 발효하도록 규정한 것으로 2011년 8월 25일 FCC는 CVAA의 video description 규정을 이행하기 위한 규칙을 제정한 바 있다. 원래 2000년 FCC가 전원 합의로 video description rules을 승인하여 2002년 봄 효력이 발효되었으나, 방송사들의 탄원에 의해 같은 해 11월 연방법원에서 이를 무효화함으로써 법적 효력이 상실되고 권고사항에 그침에 따라 몇몇 방송사들만 자발적으로 제공하여 왔다.

FCC의 새로운 규정은 상위 25개 TV 시장 내의 ABC, CBS, FOX, NBC의 계열사들이 프라임 타임과 또는 어린이용 프로그램을 대상으로 분기별 50시간은(일주일에 약 4시간) 화면해설 서비스를 실시하도록 규정하고 있으며, 상위 5개 비방송(non-broadcast) 네트워크인 Disney Channel, Nickelodeon, TBS, TNT, USA 중 어느 하나에 전송하고 있는 MVPD도 동일하게 해당된다. FCC의 화면해설 규정은 2015년 7월 1일 상위 60개 TV 시장 내의 ABC, CBS, FOX, NBC의 지역방송 계열사로 확대되었다. 일단 프로그램이 화면해설과 함께 방송되면 해설을 제공하는 능력이 다른 프로그램 관련 콘텐츠 제공을 위해 사용되지 않는 한 그 프로그램의 재방송 또한 화면해설을 반드시 포함해야 하는 것을 규정하고 있다.

FCC는 화면해설방송 시행 이후 2년 동안 시행상태, 전개과정, 효과, 비용 등을 조사하여 의회에 보고하고 이를 통해, 장기적으로 화면해설서비스 제공 의무화 필요성 여부를 논의하도록 규정하고 있다(한국방송통신전파진흥원, 2012).

2) 캐나다

2012년 8월 7일, 캐나다 방송통신규제기관인 CRTC(The Canadian Radio-television and Telecommunications Commission)는 캐나다 최대 통신사업자인 BCE(Bell Canada Enterprises)가 제안한 장애인의 방송액세스를 지원하는 기금 제안을 허용하였다. 방송접근기금(Broadcasting Accessibility Fund)이라고 명명된 이 기금이 마련된 것은 BCE가 CTV globemedia Inc를 인수하고 CRTC에

인가신청을 했을 당시(2011년 3월 7일), CRTC는 7가지 허가 조건을 제시하였는데, 그 중 하나가 장애인의 방송접근 환경 개선을 위한 기금 조성 요구 때문이었다. CRTC는 기금의 규모를 570만 캐나다 달러(65.5억 원, 2012.8.17 기준)로 규정하였고 BCE가 2012년 8월 7일 이를 준수한 제안서를 제출한 바 있다.

CRTC는 BCE가 마련한 장애인의 방송액세스기금을 통해 장애인들이 최신 기술, 애플리케이션, 서비스를 통해 방송콘텐츠에 액세스 할 수 있을 것으로 기대하고, 장애유형별로 다양한 이해관계자들의 의견을 공개자문절차를 통해 수렴하였고, 수행중인 CRTC의 규제의무를 보완하여 장애인들의 접근성을 지원하는데 이 기금을 사용하고 있다.

3) 영국

(1) 관련 정책 개요

영국의 Ofcom은 소외계층 지원을 위해 '노인과 장애인을 위한 자문위원회'(Advisory Committee on Older and Disabled People: ACOD)'에서 제시한 정책을 중심으로 추진하고 있다. ACOD가 소외계층에 대한 정책 방향을 수립하고 실제적인 조사를 수행하여 정책 수립과 집행이 이루어지고 있으며, 현재 영국의 BBC 채널 1, 2, 3, 4는 자막방송 100%, 수화 5%, 화면해설 10%대를 유지하고 있다. 민영의 경우 ITV는 자막 90%, 수화 5%, 화면해설 10%로 실시하고 있다.

〈표 4〉 공공서비스 채널의 장애인 방송 서비스 달성 목표치

구분	자막	화면해설	수화
BBC	100%	10%	5% (BBC Parliament 제외)
ITV1, 채널4	90%	5%	10%
Five, S4C	80%	5%	10%

출처: 해외 선진국과 국내의 장애인방송 운영제도 비교 연구(2014).
한국방송통신전파진흥원 연구보고서.

〈표 5〉 기타 채널이 2005년부터 10년 동안 점진적으로
달성해야 할 목표치

구분	2005	2006	2007	2008	2009	2010	2011	2012	2013	2014
자막	10%	10%	35%	35%	60%	60%	70%	70%	70%	80%
수화	1%	1%	2%	2%	3%	3%	4%	4%	4%	5%
화면해설	2%	4%	6%	8%	10%	10%	10%	10%	10%	10%

출처: 해외 선진국과 국내의 장애인방송 운영제도 비교 연구(2014).
한국방송통신전파진흥원 연구보고서.

오프콤은 2005년부터 2014년까지(10년 동안) 채널 사업자들이 자막, 수화, 화면해설 서비스를 얼마나 점진적으로 늘려야 하는가에 대한 구체적인 목표치를 제시한 바 있다. 이를 위해 자막, 수화, 화면해설 등 장애인의 접근을 보장하기 위한 'Code on Television Access Service'를 2004년에 마련하였다. 영국은 디지털전환 시행기간을 2006년에서 2010년에서 2008년에서 2012년으로 연기한 배경이 노인 등 취약계층의 이익을 보호하기 위해서라고 밝히고, 대상별 도움계획(Targeted Help Scheme)을 통해 취약계층을 지원하는 방안을 마련했다.

그리고 노인 집단 이외에 도움이 필요한 집단들이 또 있을 수 있다는 가

정 하에 Digital UK와 Ofcom은 디지털 전환에 도움을 필요로 하는 집단을 다음과 같이 분류하여 이들에게 부가적인 지원을 계획하고 있다. 예를 들면 장애가 있는 사람, 시각장애가 있는 사람들, 저소득가구, 저학력, 모국어로 영어를 사용하지 않는 사람들, 사회적으로 고립되거나 소외된 사람들이 이에 해당한다. 지원 대상은 75세 이상의 노인, 장애연금 수령자, 산업재해 연금자, 시각장애인 가구 등이다.

이 프로젝트 이외에도 특별한 도움이 필요한 또 다른 그룹을 위한 부가적인 지원을 할 계획이며, 현재 BBC, ITV, 채널 4와 5, S4C 등 공영방송을 중심으로 시청각 장애인이 방송 프로그램을 이해하고 즐길 수 있도록 하는 Television Access Services를 제공하고 있다. 그 외에도 저가형 셋톱박스(STB) 보급이나 장비구입과 안테나의 성능개선에 필요한 비용을 지원하거나 디지털 전환에 대한 캠페인을 통한 대중의 인식을 제고하고 있다.

영국은 디지털 방송을 시작하면서 사회적 고립집단과 취약집단에 대해서 우선 지원하고 있는데 특히 디지털 전환과정에서 어떤 특정집단도 배제되거나 소외되지 말아야 한다는 것을 가장 중요한 의제로 설정한 바 있다. 영국 정부는 디지털 전환과정에서 특히 취약하고 배제될 위험이 있는 집단이 있다는 것을 주시하였고, 영국 소비자 패널은 연구보고서에서 사회적 고립집단이 곧 디지털 전환 시 디지털 격차를 겪게 되는 집단이라고 보았다.

이러한 문제인식에 기반하여 1996년 방송법을 개정한 2003년 커뮤니케이션 법(Communication Act)에서 시청각 장애인의 텔레비전 접근 서비스를 확대하기 위한 법적 근거가 비로소 마련되었다. 그리고 커뮤니케이션 법에 따라 방송사와 규제기관 그리고 관련 장애인 단체들이 수개월 동안 의견을 공유하고 협의한 결과 '시청각 장애인의 텔레비전 접근 서비스에 관한 규칙'

(Code on Television Access Services)이 2004년 7월 첫 공표되었으며, 이후 수정·보완되어 현재 2010년 12월 1월에 발표된 코드를 따르고 있다.

오프콤 내 장애인방송 서비스 관련 업무를 주관하는 부서는 위원회 산하의 '노인과 장애인을 위한 자문위원회'(Advisory Committee on older and Disabled People: ACOD)이며, 논의 주제에 따라서는 오프콤 내 소비자 패널(Communications Consumer Panel), 다양성 추진 그룹(Diversity Working Group), 소비자 그룹(Consumer Group) 등 타 부서들과 협업이 자유롭게 진행된다.

현재 '시청각 장애인의 텔레비전 접근 서비스에 관한 규칙은 3개의 부속서를 포함해 총 18페이지로 법령규정(Statutory Provisions), 목표(Targets), 예외 프로그램(excluded programmes), 시청자 이익(audience benefit), 기술적 어려움(technical difficulty), 비용(cost), 기타 면제(other exclusion), 시청점유율과 매출액의 변화(changes in audience share and relevant turnover), 표현 및 기술표준(presentational and technical standards), promotion of awareness, 편성과 스케줄(programming and scheduling), 장애인차별금지법(Disability Discrimination Act), 감시와 준수(monitoring and compliance), 검토(review)에 관해 정의하고 있다. 〈부속 1〉은 방송사의 접근 서비스 편성 목표, 〈부속 2〉는 TV 접근 서비스 제공 가이드라인, 그리고 〈부속 3〉은 수화를 위한 방송사 채널 편성 가이드라인을 담고 있다.

영국의 모든 방송 사업자는 방송 면허(broadcast licence)를 보유해야 하지만 방송 면허는 주파수에 관련된 면허와 방송 콘텐츠 패키지를 채널 형태로 공급하는 것에 관련된 (즉 방송 편성 개념이 적용되는 경우) 면허로 구분되기 때문에 위성, 케이블, IPTV 등의 플랫폼에 대해서는 전통적인 의미에서의 방송 면허가 필요하지 않게 되었다. 과거에는 위성이나 케이블 방송과 같은 서비스에 대해서도 별도의 면허 체계가 적용되었으나, 위성의 경우 유럽 차원에서 위성 통신 주파수가 관리되기 때문에 별도의 국가별 면허가 의미 없게 되었으며, 케이블 역시 2003년 커뮤니케이션법 도입 이후로 통신망 자체에 대한 면허 이외에 방송서비스에 관련된 면허 체계는 폐지되었다.

오프콤은 대상사업자를 코드 제 19조항에 근거해 시간 당 자막, 수화, 화면해설 서비스의 평균 제작비용에 따라 3개의 레벨로 나누고, 해마다 채널 수가 변동되기는 하지만, 2011년 기준 Level one에 해당하는 52개의 채널들은 자막, 수화, 화면해설 서비스 모두를 제공해야 할 의무가 있는 사업자들이다. Level Two에 있는 8개 채널은 수화와 화면해설 서비스를 제공해야 하며, 자막 서비스에 대해서는 66%까지 달성해야 한다. 마지막으로 7개의 채널이 Level Three에 해당하는데 이들은 수화와 화면해설 서비스를 제공하고, 자막 방송 서비스는 33%만 달성하면 된다.

또한 오프콤은 2005년부터 2014년 까지(10년 동안) 채널 사업자들이 자막, 수화, 화면해설 서비스를 얼마나 점진적으로 늘려야 하는가에 대한 구체적인 목표치를 제시해서 사업자들의 의무 이행에 대한 부담을 줄여주었다. 그 결과 PSB 뿐만 아니라 그 밖의 채널들도 장애인 방송서비스의 목표치를 이미 달성했거나 목표치에 가까이 접근했다. 오프콤은 화면전환이 너무 빠르거나, 화면해설을 입힐 수 있는 기회가 없거나(예를 들면 뉴스 프로그램 등), 화면해설을 통해 시청권이 크게 향상되지 않는 경우(예를 들면 퀴즈 프로그램 등) 화면해설 방송 서비스는 면제가 된다고 명시하고 있다.

그리고 오프콤의 코드에 따라 방송채널사업자가 장애인방송 서비스를 시행해야 하는 대상으로 선정되면 사업자는 당연히 이행해야 하는데, 예상치 못한 경영상 문제가 있어 매출액과 시청점유율이 감소했을 경우 혹은 성실히 의무를 이행하려 했지만, 실질적으로 목표치 달성이 어려운 사유가 있을 경우에 대비해 오프콤은 누적 이행 평가제를 시행하고 있다.

한편 시각장애인의 권리와 이익을 대변하는 비영리 민간단체인 왕립시각장애인협회(Royal National Institute of Blind People: RNIB)는 2003년 커뮤니케이션 법 시행 이후 방송사와 오프콤을 상대로 정책 참여를 활발히 해왔으며, 양질의 화면해설 서비스가 이루어지고 있는지를 감시하기도 하고 장애인들의 요구 혹은 불만사항을 수렴해 방송사에 전달하고 있다. 또한 왕립청각장애인협회(Royal National Institute for Deaf People: RNID)는 수화방송을 모니터하면서 시민들의 불만사항과 개선방향을 방송사와 오프콤에 전달하고 있다. RNIB와 RNID는 자선기금(약 80%)과 정부용역사업(약 20%)으로 운영되고 있다.

영국의 대표적인 방송 소외계층 지원 법안으로는 2003년 커뮤니케이션법, 장애인 차별 금지법(Disability Discrimination Act, DDA), 시청각장애인의 텔레비전 접근서비스에 관한 규칙(Code on Television Access Services)이 있다(해외 선진국과 국내의 장애인방송 운영제도 비교 연구, 2014).

(2) 장애인방송 서비스 규제

장애인방송 서비스 제공에 대한 규정은 기본 의무제공 목표치가 상당히 높은 공공서비스채널(PSB)과 상대적으로 목표치가 낮은 비공공서비스 채널(non-PSB)에 다르게 적용된다. 비공공서비스 채널은 신규채널의 경우, 서비스 의무제공에서 면제되는데, 이후 10년 동안 단계적으로 서비스 양을 늘려야 한다.

〈표 6〉 비공공서비스 채널의 의무제공 목표치

Anniversary of relevant date	Subtitling	Audio Description	Signing
First	10%	2%	1%
Second	10%	4%	1%
Third	35%	6%	2%
Fourth	35%	8%	2%
Fifth	60%	10%	3%
Sixth	60%	10%	3%
Seventh	70%	10%	4%
Eighth	70%	10%	4%
Ninth	70%	10%	4%
Tenth	80%	10%	5%

출처 : 오프콤 (2012) Code of Television Access Service
(해외 선진국과 국내의 장애인방송 운영제도 비교 연구, 2014 재인용).

또한 오프콤은 대상사업자를 코드 제19조항에 근거해 시간 당 자막, 수화, 화면해설 서비스의 평균 제작 비용에 따라 3개의 레벨로 나누어, 전년도 제공 실적을 보고 대상사업자들의 명단이 매해 조정된다. 오프콤의 2013년 장애인방송 서비스 평가 보고서(Television Access Services 2013: provision of Subtitling, Sign Language, Audio Description)에 따르면, Level one에 해당하는 63개의 채널들은 자막, 수화, 화면해설 서비스 모두를 제공해야 할 의무가 있는 사업자들이다. Level Two에 있는 4개 채널은 수화와 화면해설 서비스를 제공해야 하며, 자막 서비스에 대해서는 66%까지 달성해야 한다. 마지막으로 2개의 채널이 Level Three에 해당하는데 이들은 수화와 화면해설 서비스를 제공하고, 자막 방송 서비스는 33%만 달성하면 된다. 이는 2011년도와 비교하면 Level One은 11개 채널이 늘었고, Level Two, Three는 반 이상 감소한 것이다.

오프콤은 공공서비스채널과 기타채널로 구분하여 장애인방송 편성목표치를 상이하게 부여하고 있으며, 공공서비스 채널의 경우 BBC가 가장 많은 서비스 목표를 부여 받고 있지만, ITV와 채널4의 경우 수화 방송은 BBC보다 높은 목표치를 부여받았다. 목표치를 넘게 되는 경우는 규제자 입장에서는 문제가 되지 않지만, 목표치가 미달될 경우 오프콤은 해당 사업자에게 그 사유를 묻고 타당성을 검토하게 되는데, 부족한 목표치는 다음해에 누적되기 때문에 사업자가 경영과 서비스 제공 상의 어려움이 예상될 경우 오프콤에 수시로 상황을 보고하게 된다. 상시적으로 규제기관과 사업자가 커뮤니케이션을 할 수 있는 창구는 사업자들에게 목표치 달성에 대한 어려움을 극복할 수 있는 방안을 마련해주기도 해서, 오프콤의 업무 담당자들은 사업자들과 적대적인 관계보다는 대안을 마련해 주는 해결사 역할을 하기도 한다.

특히 ITV는 ITV ENCORE, ITV BE, CITV 등 신규채널을 선보이면서 2012년 이후 서비스 의무제공에 있어 적극적인 태도를 보이고 있다. 앞서 언급한대로 신규채널의 경우 첫해는 의무제공이 면제되며, 이후 시청 점유율에 따라 목표치를 정하고 의무 부과된다.

〈표 7〉 ITV 채널의 장애인방송 서비스 달성 목표치 내부 현황

Channel	Subtitling		AD		VS		Qualifying hrs:mins (per week)	Transmission hours (per week)	Exclusions (hrs:mins per wk)	Start-up date of channel	Notes
	%	Hrs:mins	%	Hrs:mins	%	Hrs:mins					
ITV1 & Breakfast	90%	132:00	20%	29:30	5%	7:15	147:00 (Subs & VS) 129:04 (AD)	06:00-05:59 = 168	Teleshopping (2) + Gambling (12) + Nightscreen (7) = 21:00, Qualifying hours for Audio Description on ITV Breakfast 06:00 - 09:25 = 5:04	ITV 1955 (GMTV 19/11/2001)	
ITV2	80%	115:00	20%	29:00	5%	7:00	143:30	06:00-05:59 = 168	Teleshopping (23:30) + Nightscreen (1:00) = 24:30	07/12/1998	Agreed with Ofcom that 2013 = Year 11
ITV3	80.0%	117:30	20%	29:30	5%	7:15	147:00	06:00-05:59 = 168	Teleshopping (17:30)* + Nightscreen (3:30) = 21:00	01/11/2004	Yr 11 starts 01/11/15
ITV4	71.7%	105:00	20%	29:00	4.2%	6:15	146:00	06:00-05:59 = 168	Teleshopping (21) + Nightscreen (1:15) = 22:15	01/11/2005	Yr 10 starts 1/11/15
CITV (Children)	70%	42:30	20%	12:30		30 mins a month of Sign Presented programming	61:00	CITV: 09:25-18:00 + 60 (GMTV/2 - 06:00 - 09:25 Mon - Fri + 42 hours of wkend summer programming) ÷1	None	CITV & GMTV2 11/03/2006	Yr 9 starts 11/03/15
ITV ENCORE	5%	5:30	1%	1:00	0.5%	00:30	111:30	12:00-04:00 = 112	Nightscreen (0:30) = 00:30	09/06/2014	Yr 2 starts 09/06/15
ITV BE	2.5%	3:00:00	0.5%	00:30	0.25%	00:15	112:00:00	06:00-05:59=168	Teleshopping (56:00)	08/10/2014	Yr 2 starts Oct 15

출처 : 2014년 9월 24일 ITV 편성팀 내부 자료(해외 선진국과 국내의 장애인방송 운영제도 비교 연구, 2014 재인용).

참고 : 심야방송(NightScreen, Teleshopping)은 편성팀의 담당자 승인을 반드시 받아야 하며, 이후 목표치 달성은 재계산될 수 있음. (ITV3의 아침 1시간을 텔레쇼핑 방송하는 것을 검토 중에 있음.) ITV4는 2010년 6월7일 이후 24시간 방송을 하고 있으며, 화면해설방송 의무규정은 10%이나 현재 20% 이상을 자발적으로 달성하고 있음.

〈표 8〉 공공서비스 채널의 장애인 방송 서비스 달성 목표치

구분	자막	화면해설	수화
BBC	100%	10%	5%(BBC Parliament 제외)
ITV1, 채널4	90%	5%	10%
Five, S4C	80%	5%	10%

출처: 해외 선진국과 국내의 장애인방송 운영제도 비교 연구, 2014 재인용

〈표 9〉 기타 채널이 2005년부터 10년 동안 점진적으로 달성해야 할 목표치

구분	2005	2006	2007	2008	2009	2010	2011	2012	2013	2014
자막	10%	10%	35%	35%	60%	60%	70%	70%	70%	80%
수화	1%	1%	2%	2%	3%	3%	4%	4%	4%	5%
화면해설	2%	4%	6%	8%	10%	10%	10%	10%	10%	10%

출처: 해외 선진국과 국내의 장애인방송 운영제도 비교 연구, 2014 재인용

오프콤은 2005년부터 2014년 까지(10년 동안) 채널 사업자들이 자막, 수화, 화면해설 서비스를 얼마나 점진적으로 늘려야 하는가에 대한 구체적인 목표치를 제시한 바 있다. 방송가에서는 이러한 정책을 '에스컬레이터 정책(escalator policy)'이라고 부르는데, 사업자들의 의무 이행에 대한 부담을 줄여 주지만 궁극적으로는 보다 많은 사업자들이 정책에 참여하도록 오프콤이 마련한 정책으로 평가된다. 그런데 오프콤은 2014년 이후 목표치를 상향하는 것보다, 많은 방송사들이 높은 목표치를 달성할 수 있도록 격려하는 목적을 가지고 있기 때문에, 2014년 이후 목표치를 조정하려는 움직임을 보이지 않고 있다.

영국의 경우 자막 방송 서비스의 경우는 사용자가 장애인뿐만 아니라, 노인, 어린이, 외국인 등 그 대상의 폭이 넓기 때문에, 보편적 서비스로 이해되고 있다. 때문에 서비스 목표 달성은 서비스 중에 가장 먼저 도달했다. 하지만 음성해설 방송의 경우, 디지털 텔레비전이 빠르게 보급되면서 고령화된 영국 사회에서 난시청을 겪고 있는 시청자들과 최근 증가하고 있는 난독증(dyslexia) 환자들에게 중요한 서비스로 관심을 끌기 시작했다. 빠른 자막을 따라 읽기 힘들고, 일반 볼륨으로 청취가 힘든 시청자들에게는 전문가가 장면과 내용을 이해하기 쉽게 설명한 서비스가 매력적이라는 것이다. 따라서 이러한 시대적 요구를 반영해 오프콤은 장애인 방송 서비스 중에서도 화면해설 방송 서비스에 집중해 그 변화와 추이를 지켜보기 시작했다(Ofcom, 2009).

한편 장애인방송 편성의무상 예외의 기준도 있다. 2012년 발표된 코드에 따르면, 오프콤은 규제에서 예외 되는 프로그램들을 좀 더 유연한 시각에서 규정하고 있다. 예를 들면 프로그램이 장애인을 위해 방송한 것으로 간주될 경우 그 이익의 정도에 따라, 특정 프로그램의 의도된 시청자의 크기에 따라, 각 사례마다 이익을 얻게 될 사람의 수에 따라, 영국 밖에 거주하는 의도된 시청자의 수의 범위에 따라, 기술적 어려움에 따라, 서비스 제공 시 관련 사안의 맥락에서 비용에 따라 예외 프로그램을 고려하게 된다는 것이다.

코드 12~20은 시청자 편익(audience benefit)을 정의하고 있는데 12개월(1년) 동안 영국 내 시청 점유율과 유럽(영국 밖)의 시청 점유율을 측정하는 것으로 평균 시청점유율 1%를 기준으로 의무 서비스 제공 및 편성의 의무 대상자를 구별하게 된다.

그리고 장애인방송 편성의무 미이행시 제재유형 및 수준을 살펴보면, 오프콤의 코드에 따라 방송채널사업자가 장애인방송 서비스를 시행해야 하는 대상으로 선정되면 사업자는 당연히 이행해야만 한다. 하지만 예상치 못한 경영상 문제가 있어 매출액과 시청점유율이 감소했을 경우 혹은 성실히 의무를 이행하려 했지만, 실질적으로 목표치 달성이 어려운 사유가 있을 경우에 대비해 오프콤은 누적 이행 평가제를 시행하고 있다. 다시 말해 사업자는 전년도 매출액과 시청점유율을 통해 서비스 의무대상사업자가 되면 오프콤이 요구하는 모든 자료를 성실히 제공해야 하는데, 공식적으로는 분기별 목표치 달성이 발표되지만 실제는 주단위로 주요 방송사들의 모든 해당 채널의 편성상황까지 제출을 요구하고 있어 PSB와 BSkyB 같은 경우 오프콤과 지속적인 보고체계가 정착될 수밖에 없다. 그리고 방송사들이 매주 성실히 자료를 제출해야 하는 이유 중 하나는 오프콤이 매해 목표치 달성률을 점검했던 결과 누적되고 이러한 성실의무에 대한 평가는 궁극적으로는 방송면허 연장에 영향을 미치기 때문이다.

PSB 채널별 화면해설 서비스에 대한 평가결과를 보면, 종합편성채널인

BBC One의 경우는 모든 PSB채널 중에서도 가장 높은 점수를 받았으며, 또한 서비스에 대한 비판도 높지 않았다. 하지만 교양프로그램을 주로 편성하고 있는 BBC Two와 ITV 1 경우 그 편차가 크지 않았다. 반면 Channel 4의 경우는 평가에 대한 수치도 적었지만 차이가 없었고 Five의 경우엔 서비스에 대한 평가가 전반적으로 낮았다. 이러한 조사 결과는 장애인 방송 서비스를 양적으로 달성해야 하는 방송사들에게 기준 이상의 질적 서비스가 보장하도록 요구하는 중요한 근거로도 사용된다. BBC 관계자에 따르면 지난 2~3년 사이 화면해설 방송서비스 사용인구가 급증하면서 양질의 화면해설 서비스를 기대하는 목소리도 높아지고 있어, BBC는 최근 화면해설 서비스에 집중적으로 투자를 하고 있다.[6] 이처럼 BBC를 비롯한 타 PSB도 화면해설 서비스 방송기술 개발과 전문 인력 확보에 주력을 하게 된 배경에는 시각장애인의 권리와 이익을 대변하는 비영리 민간단체인 왕립시각장애인협회(RNIB)의 역할이 아주 중요했다.[7]

장애인방송 제작지원 상황을 살펴보면, 영국 정부는 방송사들에게 장애인 방송 활성화를 위해 재정 지원을 하지 않을 뿐만 아니라, 주도적으로 나서서 제작사를 육성하고 지원하는 시스템에도 전혀 관여하지 않는다. 대부분의 방송사들이 전문 인력을 양성하고 각 서비스에 대한 제작 시스템을 갖출 여력이 없는 경우가 많기 때문에, 사업자가 직접 제작을 하지 않고 모두 외부 전문 업체에 아웃소싱(out souring)하고 있다. 이에 장애인 방송 서비스가 앞으로 더욱 요구될 것이라는 시대적 흐름을 읽고 시장에 뛰어든 제작

---

6) 화면해설 서비스에 대한 주 요구 사항은 내용의 정확하고 효과적인 전달과 다양한 프로그램의 서비스 지원 및 편성, 내용에 적합한 성우 목소리 등이 있다.

7) 왕립시각장애인협회(Royal National Institute of Blind People, 이하 RNIB)는 영국 내 최대의 시각장애인 단체

자들이 전문성과 양질의 서비스를 제공할 수 있다는 신뢰를 담보로 서로 경쟁하고 있다.

우선 자막, 수화, 화면해설 서비스를 해야 하는 목표치도 가장 높고, 의무 대상 채널도 가장 많이 보유하고 있는 BBC의 경우 레드비(RedBee Media)라는 제작사를 런던 본사 내 두고 협력을 하고 있다. 과거 BBC의 자회사였던 레드비는 현재 BBC의 6개 채널(BBC One, BBC Two, BBC Three, BBC Four, CBBC, Cbeebies)의 서비스를 전담하고 있으며, 그 밖에도 채널4와 UKTV의 신규 프로그램에 화면해설 서비스 제작하는데 주력하고 있다. 2012년부터는 BSkyB의 일부 프로그램도 담당하고 있으며, 영국 4개 자치지역에 270여 명의 직원을 두고 있다. 뿐만 아니라 최근 독일, 프랑스, 스페인 등에 해외 지사를 운영하고 있다.

특히 화면해설 서비스의 경우 2000년 초반에는 전문 인력을 확보하기도 어려웠을 뿐만 아니라, 작가(scripter)와 성우 그리고 엔지니어가 협업을 해야 하는 과정을 거치느라 제작 시간이 오래 걸렸지만, 지금은 원고를 작성하고 화면해설 및 녹음까지 스스로 할 수 있는 전문 화면해설 방송 제작인(audio describer)을 확보하고 있어, 양질의 서비스가 가능한 환경을 구축하고 있다. 현재 레드비 런던 본사에는 약 30~40 자막방송 제작 담당자, 화면해설방송 담당자(작가, 성우, 엔지니어 등), 수화통역 담당자들이 근무하고 있으며, 일부는 프리랜서로 작업에 참여하고 있다.

실제 레드비가 BBC에서 독립한 이후 그 규모는 분명 커졌다. 내부적으로는 서비스에 투입될 수 있는 다양한 전문가를 양성하고 있고, 의뢰인이 늘어나면서는 의뢰인의 서비스 제공 의무 실적과 현황을 파악해 전략안을 적극적으로 제시하면서 사업을 키우고 있는 것이다. 하지만 전략적 사업 파트너로서 계약을 맺고 있지만, 실질적인 서비스 실적 달성에 대한 양적, 질적인 부분의 역할을 모두 담당하고 있기 때문에, 계약의 범위와 내용은 의뢰인에 따라서는 상당히 포괄적이다. 예를 들면 레드비의 주요 고객인 BBC는 자사의 모든 채널의 장애인방송 서비스 제공 현황 및 신규 제작 프로그램에 관한 모든 정보를 레드비에게 공개한다. 이에 레드비는 월별, 분기별, 년간 목표치 달성 전략(예를 들면 어떤 프로그램에 얼만큼의 서비스를 배치하고, 어떤 프로그램에 재방송 비율을 얼만큼 사용할 것인가 하는 세부안을 제안한다)을 BBC에 제시하고 서비스 기간과 가격을 협상을 한다. 방송사 당사자보다도 레드비가 오프콤의 서비스 평가에 민감한 이유는 바로 여기 있다.

예컨대 오프콤은 BBC의 프로그램을 무작위로 선별해 서비스 현황을 평가하고 1년마다 〈장애인 자막 방송 질적 제공 보고서〉를 발표하는데, 이 보고서는 대중에 공개될 뿐만 아니라 BBC에 전달되고, BBC는 자사의 서비스 제작 담당업체인 레드비에 오프콤의 평가 내용에 대한 답변을 요구하게 된다. 이때 레드비의 잘못으로 BBC가 오프콤으로부터 규제 조치 및 벌금을 받게 되면, 레드비는 이에 대한 모든 책임을 져야 할 뿐만 아니라 BBC뿐만 아니라, 다른 의뢰인과의 계약에도 불이익을 받을 수 있기 때문에, 방송사보다 더 긴장하고 엄격하게 서비스 제작을 하게 된다. 때문에 자막방송의 경우, 레드비는 내부에서 매달 9개 정도의 프로그램을 무작위로 선택해 제공 현황을 점검하고, 실시간 방송 프로그램의 경우 3명의 평가원이 2개의 프로그램의 자막 방송 제공을 또 평가하는 내부의 이중 규제 시스템을 운영하고 있다.

자막방송과 수화방송 뿐만 아니라 특히 화면해설 방송 제작에서 노하우를 쌓은 고급 인력을 확보하는 것이 가장 중요하다고 깨달은 영국 방송시장에선 레드비 다음으로 규모가 큰 디럭스 미디어(Deluxe Media)(전 ITFC)라는 민간 제작업체가 있으며, 그 외에도 민간 제작업체(IBF Ltd, Minds Eye, SDI Media, The Talking Picture Company 등)가 더 있다. ITFC는 1976년 ITV가 설립될 당시 필름을 보관하고 자제를 청소하는 곳이었지만, 1990년대 초부터 자막 방송을 제작하기 시작하면서 현재는 생방송과 녹화방송의 자막 전문인(subtitler)과 음성 자막 기술자(voice captioner)를 양성하면서 전문 인력으로 확보하고 있으며, 자막 방송 제작 노하우가 쌓인 전문 인력들은 화면해설 방송 제작인으로 보다 심화된 일을 해왔다. 그런데 ITV가 2007년 Medici Group의 자회사인 Elektrofilm에 매각한 이후, 2010년 다시 Deluxe가 매입했는데, 디럭스는 제임스 카메론의 〈아바타〉 영화를 3D로 제작했던 곳으로 150여 명의 직원을 두고 있는 규모가 큰 디지털 방송 제작 업체이다.

디럭스 미디어 역시 레드비 같이 의뢰인의 서비스 의무제공 실적과 현황을 모두 파악해, 적극적인 전략을 제안하기도 하고, 최소한의 서비스를 맞춤형으로 제공하기도 한다. 사실 영국의 모든 장애인방송 서비스 제작 업체들은 정부 보조금이나 외부 지원금 없이 자체 예산으로 독립 운영하고 있기 때문에, 철저한 비즈니스 마인드에서 의뢰인과 제작사의 관계가 형성된다. 비록 법적인 책임이 방송사에게만 있을 지라도, 실질적인 제작 기준 달성에 대한 책임은 제작사가 가지고 있기 때문에, 디럭스 미디어가 서비스의 질적, 양적 책임을 방송사만큼 공감하면서 최선을 다해 제작해야 하는 것이다.

그 밖에도 장애인방송의 서비스를 측정할 수 있는 방법은 다양하게 존재한다. 예컨대 규제기관, 방송사, 서비스 제작업체가 유기적으로 서비스의 양과 질적 측면을 확인 할 수 있는 책임 제도를 구축했을 뿐만 아니라, 서로에게 지적과 감시를 당하기 이전에 자체적인 내부 시스템을 마련해 사전에 예방을 하고자 하는 제도가 병행되어 운영되고 있는 것이다. 예를 들면 실질적 책임의 무게가 큰 ITV의 질적 평가를 할 수 있는 방법은 다양하다.

첫째, 오프콤이 중심이 되는 질적 평가의 경우 오프콤이 자체 자문위원회(consultation group)을 운영해, 연 1회 시청자 피드백 보고서를 발간하고 그 결과를 공표할 뿐만 아니라 방송사에 보낸다. ITV는 여기서 지적된 자막 서비스의 문제들(오타, 전송 속도 지연 등)은 제작사인 디럭스미디어에 보내서, 해당 항목에 대한 답변을 받게 되는데, 오프콤은 ITV에게 매 6개월마다 자막방송의 질적 제공 향상에 대한 결과 보고서를 2년 동안 제출해야 한다는 조건을 제시한 상태라, ITV와 디럭스미디어의 협력은 절실한 상황이다. 둘째 시청자들의 불만과 의견으로 지적되는 상황에 대해 방송사의 책임을 묻게 되는 경우가 있다. 예를 들면 ITV는 시청자들로부터 접수된 민원을 제작사인 디럭스미디어에 전달해서 해결하게 하는데, 디럭스미디어는 민원에 대한 성실한 답변을 의뢰인인 ITV에 보내게 된다. 오프콤 역시 직접 접수된 민원을 방송사에 전달하고, 방송사로부터 그 답변을 요구한다. 마지막 방송사 스스로 내부 모니터링 제도를 실시함으로써 시청자 불만이나 오프콤의 모니터를 대비하는 방법이 있다. 예를 들면 ITV는 내부 콜 센터를 통해 접수되는 민원내용을 분석하거나, 〈Secret Viewing Panel〉제도를 통해 무작위로 프로그램의 서비스를 평가하며, 민원에서 제기된 장애인방송서비스 문제가 개선되는지 확인하고 있다. 뿐만 아니라 자체 만족도 조사를 실시하고, 그 결과를 디럭스미디어에 전달해 지적되는 문제 상황을 사전에 개선하도록 피드백을 주고 있다.

자막방송과 수화방송에 비해 제작기간이 더 길고 비용도 많이 드는 화면해설 방송은 인기 드라마에서 먼저 시작되었다. 왜냐하면 시청자들로부터 가장 높고 안전한 시청률을 확보할 수 있는 장르가 드라마이기 때문이다. 하지만 시즌별 편성된 드라마 시리즈의 경우 원활한 편성을 위해 사전에 작업을 할 수 있는 시간적 여유가 많지 않기 때문에, 시청률이 높은 프로그램을 선택해 집중할 수밖에 없다. 또한 수입 프로그램의 경우 화면해설 방송은 영미권 혹은 이웃한 유럽권에서 제작됐다고 해도, 구사하는 어휘와 문법이 다르며 무엇보다 국민적 감정과 정서 그리고 PPL과 중간광고에 대한 기준이 다르기 때문에, 반드시 영국식으로 전환해야 하는 번거로움이 있다.

영국에서 장애인방송 서비스가 활성화 될 수 있었던 배경에는 민간 자선단체들의 활약이 컸다는 것을 부인할 수 없다. 영국에서는 장애인방송 분야 뿐만 아니라 민간단체들의 정치적, 정책적 로비활동이 활발하다. 게다가 영국의 경우 많은 장애인 이해집단이 있음에도 불구하고, 이들은 시각, 청각장애인 연합(RNIB, RNID)으로 통합해서 운영하고 있는데, 이들은 주로 자선기금(약 80%)과 정부용역사업(약 20%)으로 운영되고 있다.

결국 영국의 장애인방송 서비스는 디지털방송 전환을 계기로 보편적 서비스로 확대해 접근하는 특징을 엿볼 수 있다. 즉 디지털 영국을 건설하기 위한 국가정책과 방송통신 융합에 관한 법안을 준비할 당시부터 장애인과 소외된 계층의 디지털 격차를 해소할 수 있는 방안이 주요 안건이었다. 그리고 2003년 커뮤니케이션법(Communication Act of 2003)에서 시청각 장애인의 텔레비전 접근 서비스를 확대하기 위한 법적 근거가 비로소 마련되면서 방송사와 규제기관, 그리고 관련 장애인 단체들이 수개월 동안 의견을 공유하고 협의한 결과 '시청각 장애인의 텔레비전 접근 서비스에 관한 규칙'(Code on Television Access Services)이 공표되었다.

규칙에는 공공서비스방송사를 비롯한 유료방송사업자들이 장애인방송, 즉 자막방송(subtitling), 수화방송(sign language), 화면해설방송(audio description)을 어떻게 준비하고 무엇을 우선적으로 서비스 할 것인가에 대한 내용적 측면과 기술적 방법이 담겨져 있다. 뿐만 아니라 10년 동안 사업자들이 방송서비스를 얼마나 해야 하는가에 대한 목표치를 부여 해주었는데, 2005년 이후 자막과 수화 방송 서비스는 목표치를 이미 달성한 방송사가 많았지만 화면해설 방송에 대해서는 일반인과 장애인들의 인지도가 낮았을 뿐만 아니라 제작하고자 하는 방송사도 많지 않았다. 그러나 2008년 오프콤과 방송사들이 화면해설 방송 서비스에 대한 캠페인을 벌이면서 많은 시간과 비용이 투자되는 화면해설 방송 서비스가 증가하기 시작했고, 2011년 상반기 기준 PSB들은 이미 목표치의 몇 배 이상의 서비스를 하고 있다.

하지만 RNIB는 이후 지속적으로 나타나지 않는 화면해설 방송에 대해 방송사들과 규제기관을 설득해 공개적으로 홍보를 하도록 요구해 온 결과 공공서비스 방송사들은 프로그램의 시작과 중간, 끝에 자발적으로 화면해설 서비스를 홍보하고 있다. 실제 오프콤의 코드(시행규칙)는 방송사들이 화면해설 서비스를 제공(provide)해야 하며, 홍보(promote)할 것을 명시하고 있다. 여기서 서비스 홍보의 의무에 대한 명분을 가지고, RNIB는 직접 광고 가능한 화면해설 서비스 편성 고지 홍보 프로그램을 자체 제작, 배포하기도 한다(해외 선진국과 국내의 장애인방송 운영제도 비교 연구, 2014).

〈그림 1〉 채널4의 화면해설 서비스 홍보 동영상

(출처 : www.youtube.com)

특이한 점은 현재 영국 대부분의 방송사들은 의무제공 비율 최대 10%는 이미 초과 달성되어, 20% 이상을 넘고 있다. 하지만 RNIB의 목표는 방송에서 장애인방송 서비스가 20%를 달성하게 하는 것뿐만 아니라, (혹은 그 이상) 주문형 비디오(VOD) 같은 온라인 방송 서비스에서도 화면해설 서비스(자막서비스도 포함해)가 의무 시행될 것을 요구하면서, 기술적 문제를 검토하고 있다.

오프콤이 이들의 의무이행을 주기적으로 점검하고 격려하는 반면 장애인 단체들은 방송서비스를 지속적으로 모니터하면서 장애인들의 의견을 수렴해 정책에 반영될 수 있는 로비를 한다. 실제 장애인 방송 코드에서 뉴스와 퀴즈 프로그램의 화면해설 방송 서비스는 면제가 가능하다는 조항도 시각 장애인 협회인 RNIB의 적극적인 로비가 큰 역할을 했다.

영국은 장애인 방송서비스 의무 사업자들에게 세금해택이나 정부보조금이 전혀 없기 때문에, 제작업체들도 시장논리에 맡겨 자유 경쟁을 하도록 하고 있다. 하지만 양질의 서비스를 보장할 수 있는 업체는 소수이며, BBC는 Redbee가 ITV와 채널4 기타 영화사의 화면해설 및 자막 서비스는 디럭스미디어가 주로 독점하고 있다. 최근에는 3D작 프로그램의 화면해설 제작방식뿐만 아니라, VOD 내 서비스가 활발히 논의되고 있다.

특히 서비스 제작사들은 전문 인력을 확보하기 위해 자체 인재육성 프로그램을 개발하고 있는데, 화면해설서비스의 경우 2000년 초반에는 전문인력을 확보하기도 어려웠을 뿐만 아니라, 작가(scripter)와 성우 그리고 엔지니어가 협업을 해야 하는 과정을 거치느라 제작시간이 오래 걸렸지만, 지금은 원고를 작성하고 화면해설 및 녹음까지 스스로 할 수 있는 전문 화면해설 방송 제작인(audio describer)을 확보하고 있어, 양질의 서비스가 가능한 환경을 구축하고 있다.

최근 영국에서 가장 주목을 받는 정책 아젠다는 VOD와 장애인방송 서비스이다. 예컨대 많은 시청자들이 텔레비전 수상기가 아닌 다양한 디바이스를 통해 방송콘텐츠를 소비하는 환경이 도래하면서, 영국 정부는 VOD에서 장애인방송서비스가 가능한지 기술적인 검토를 적극하고 있는 것이다. 〈Action on Hearing Loss〉는 기술검토에서도 상대적으로 가장 용이하고 덜 부담되는 자막방송의 경우, 반드시 VOD에서도 실현되어야 한다는 입장에 있어, 2014년 11월에는 방송사 후원으로 컨퍼런스를 실시했다.

2012년 9월 VOD 서비스를 규제를 하는 독립기구 ATVOD(The authority for television on demand)는 "Video On Demand Access Services : Best Practice guidelines for service providers"라는 보고서를 통해 VOD에서 자막, 화면해설, 수화 서비스 제공에 대한 구체적인 논의를 진행하고, VOD 서비스 제공시 장애인방송 서비스 제공 필요성 제시한 바 있다. 이에 Action on hearing loss은 내부 회원들을 대상으로 VOD 서비스의 장애인방송서비스 선호도를 조사했고, 2014년 6월 "Access to TV and video on demand(VOD) for people with hearing loss"라는 정책 보고서를 만들어서, VOD 서비스 제공시 장애인방송서비스가 반드시 제공되어야 하는 구체적인 목표와 내용을 설명했고, 현재 VOD의 장애인방송서비스가 의무화되지 않았지만 BBC가 실험적으로 실시하도록 유도하면서 다른 방송사들이 기술적으로 이를 벤치마킹 하도록 격려하고 있는 상황이다(해외 선진국과 국내의 장애인방송 운영제도 비교연구, 2014).

4) 프랑스

2008년 10월 20일 프랑스의 디지털 계획을 담은 'Digital France 2012'에서 첫째, 모든 국민들의 디지털 네트워크 및 서비스 접속이 보장될 것과 둘째, 디지털 콘텐츠 제작 및 공급을 확대할 것, 셋째, 디지털 서비스의 다각화 및 이용률을 확대하고 마지막으로 디지털 경제관리 시스템을 현대화 할 구체적인 목표가 담겨 있다.

프랑스에서는 장애인을 위한 방송 접근권 보호는 단순히 시·청각 장애인의 방송 프로그램에 대한 액세스 기회의 보장이라는 의미를 넘어서, 장애인들이 사회의 일원으로서 사회 통합적 차원에서 신체뿐만 아니라 정신적인 접근권을 보호해야 한다는 인식에 기반하고 있다.

특히 장애인들이 방송접근 권리를 1986년부터 법률적으로 보장하기 시작했으며, 2005년 2월 11일 법 '장애인의 법, 기회, 참여 및 시민 활동의 평등에 관한 법'을 제정하여 장애인을 위한 미디어 활동에 대한 제도적 기틀을 완성했다.

2005년 장애인법 제81조에 따라 청각장애인이나 난청인에게 전송되는 프로그램의 제작과 방영에 관련된 사안에 대하여 방송분야를 규제하는 시청각 최고위원회/시청각 평의회(Conseil superieur de l'audiovisuel: CSA)와 정부가 매년 조사해야 한다. 이 조사는 자막방송과 수화통역에 대한 의무사항 이행 여부에 관한 것으로, 방법 및 목적 약정 및 협약에 기재된 자막방송 의무규정 준수를 조사한다. 하지만 '커뮤니케이션 자유에 관한 법'은 지상파 방송사들에 대하여 청각장애인들을 위한 프로그램 제작/편성을 강제할 수 있는 아무 규정도 신설하지 않았다. 따라서 방송사들은 법적으로 규정된 사안들을 위반했을 경우 이에 상응하는 제재나 불이익을 받지 않게 되면서 법의 현실 구속력이 미약한 상황이다.

2001년 2월 1일 문화와 커뮤니케이션부, 장애인정책 비서실 그리고 장애인 관련 모든 부처 담당자들 중심으로 설립된 '문화-장애 국가위원회'는 장애인들의 문화 접근을 보장하기 위한 종합적인 정책기관으로 활동하기 시작했다. CSA는 주파수 할당을 받지 않는 이동통신을 이용한 방송서비스 또는 비지상파 네트워크를 이용하는 방송서비스는 면허 대상에서 제외하고 있는데, 방송부문의 유일한 규제기관으로 TV방송을 모든 국민들이 시청할 수 있는 환경을 조성하고 방송이 프랑스 사회의 다양성을 반영해야 한다는 비전을 가지고 있다. 그밖에 장애인자문국가위원회(Conseil national consultatif des personnes handicapées: CNCPH)는 커뮤니케이션의 자유에 관한 법 제81조에 의거 시청각최고 위원회에 장애인방송 성과에 대해 매년 의무적으로 보고하도록 되어있다.

청각장애인을 위한 제도적 장치를 2000년의 커뮤니케이션 자유에 관한 법에서 CSA가 주도적으로 제도화함으로써, 2002년부터 전국 지상파 채널들은 윤리강령에 청각장애인과 난청인을 위한 자막방송 쿼터의무를 규정하여 이를 준수하기 시작했다. 쿼터의 기준은 France2의 경우 11.41%(1000시간), France3의 경우 5.7%(500시간), France5 15.41%(900시간), TF1의 경우 11.41%(1000시간), Canal+는 72개의 장편영화(108시간)와 방송프로그램의 2.28%(200시간)를 자막방송하고 있다.

2003년에는 문화 및 방송에 대한 장애인들의 접근 증진을 위한 새로운 방침이 제시되었는데, 이 방침은 공영방송인 France2, France3 그리고 France5의 프로그램에서 자막방송을 발전시키고 확대할 계획을 수립하도록 하여, 자막방송 비율을 2006년 말까지 50%로 높이도록 한 것이다. 한편, 2005년 2월 장애인의 시민활동, 참여, 기회 및 권리의 평등을 위한 법은 장애인과 비장애인의 동등한 참여와 권리 보장을 규정하였고, 고등 시청각 위원회는 2006년 2월 지상파 방송의 재허가 협약에서 방송사들이 2010년까지 모든 프로그램을 청각 장애인을 위해 자막방송으로 하도록 규정하였다.

디지털방송의 경우, 고등 시청각 위원회는 총 방송시간의 10%를 청각 장애인을 위한 방송을 방영하도록 규정하였고, 케이블과 위성채널의 경우, 연간 시청률이 1%를 초과하는 채널의 경우 2010년까지 모든 프로그램을 자막방송할 것을 고등 시청각 위원회와 협약하였다. 지상파 전국 채널, 디지털 채널은 연간 총 시청률이 2.5%를 초과하는 경우 100% 자막방송을 하도록 정책 계획이 수립되어 추진되고 있다.

CSA 결정사항(Les décisions du Conseil supérieur de l'audiovisuel)에 따르면, 사업자는 연간 평균 시청률과 장르(mode de diffusion) 그리고 총매출액(chiffre d'affaires)을 기준으로 선정한다. 즉, 연평균 시청률 2.5% 이상인 공영방송과 민영방송은 광고방송을 제외한 모든 프로그램에 시각 및 청각장애인들에게 접근성을 100% 보장해야 하며, 연평균 시청률 2.5% 미만의 텔레비전 채널에 대해 CSA는 접근 가능한 프로그램의 비율(시청률과 방송콘텐츠)을 고려한다(해외 선진국과 국내의 장애인방송 운영제도 비교 연구, 2014).

대상사업자 중 공영방송의 경우엔 장애인의 방송접근성 제고를 위한 의무사항을 담고 있는 교부 명세서/칙허장(cahier des charges)을 따르며, 기타 방송사들은 CSA와 맺는 협약(convention)에 의무사항을 정하고 있는데, CSA는 이를 토대로 각 방송사업자의 협약 준수여부를 감시함. 결국 CSA와 방송사업자가 체결하는 협약에 따라 서비스 이행방식과 내용이 결정되기 때문에 의무부여 내용과 이행사항은 사업자마다 커다란 차이가 존재한다. CSA는 협약 이행여부를 매년 감시하고 그 결과를 공개하고 있다.

장애인 권익향상을 위한 관련 법안들이 제정되면서 이해관계를 가지고 있는 단체들의 대표들과 방송사들, 그리고 주요 업무를 담당하고 있는 규제기관은 CSA가 수차례 회의를 거쳐 자막과 화면해설 칙허장(charter)를 만들어 발표하였다. 규제기관은 각 채널의 시청률, 방송형태, 총 매출액 등을 고려해 협약(convention)을 맺으며, 협약을 맺기 전과 후 이들은 수차례의 협상(negotiation)과정을 거치고 있다(송종길, 2011).

디지털 전환에 관한 전반적인 법제도적 근거를 마련하고 있는 2007년 3월 '방송의 현대화와 미래의 텔레비전에 관한 법'은 디지털 수신 장비지원에 관한 조치와 특히 저소득층 가구를 대상으로 하는 지원 기금은 공익을 목적으로 하는 단체에서 관리한다는 규정을 마련하고 있다. 지원대상자의 범위는 많은 논란 끝에 수신료 면제 가구로 제한하였고, 이들은 최저 생계비 지원 대상자, 65세 이상의 저소득자 또는 60세 이상의 장애인으로 제한하고 있다. 또한 프랑스 정부는 종합적인 디지털 경제 계획인 '디지털 플랜 2012'에서 이들 대상에게 디지털 TV 수신용 단말기 이용 일부 및 설치에 필요한 제반 비용 일부를 총 30유로까지 지원한다는 조치를 마련한 바 있다. 한편 디지털 소외 계층을 위한 지원 기금 운영과 전반적인 지원 업무는 '미래의 텔레비전'법에 근거하여 창설된 '프랑스 디지털 TV'에서 담당하고 있다.

청각장애인 사회활동 증진을 위한 프랑스 연맹(CFPSAA : Confédération Française pour Promotion Sociale des Aveugles et Amblyopes)은 약시자들 및 맹인들의 사회적 통합을 위해 1948년에 설립되었으며, 특히 맹인들과 시력이 약한 사람들을 위해 일하는 가장 중요한 단체이며, AVH(L'Association Valentin Haüy)는 1889년에 설립되어, 1891년 공법인이 된 시각 장애인들의 연합회다. 장애인 방송제작을 하는 대표적인 기관은 UNISDA(청각 장애인들의 사회적 통합을 위한 국민연합), 메디아 수티트르(Medias-soustitres), MFP(Multimédia France Productions), 눈과 손(L'œil et la main) 등이 있다.

프랑스의 대표적인 방송 소외계층 지원 법안은 1986년, 2000년 커뮤니케이션 자유에 관한 법, 2005년 장애인의 법, 2005년 기회, 참여 및 시민 활동의 평등에 관한 법이 있다.

5) 일본

(1) 관련정책 개요

일본은 디지털 격차 해소를 위한 '고도 정보통신 네트워크 사회 형성 기본법'에서 장애인방송서비스를 위한 기술 개발을 명시하고 있으며, 자막 방송, 화면해설방송, 수화 방송을 위한 제작비 조성에 대해 언급하고 있다. 특히 접근성 향상을 위한 관련 기술 및 소프트웨어에 대한 기준 명시까지 구체적으로 하고 있다. 이 법령에는 장애인이나 노인들이 겪을 수 있는 조작성의 어려움이나 환경의 장애(어두운 곳, 소음 등) 때문에 겪을 수 있는 문제를 처리하기 위해 키보드 및 디스플레이의 기술 표준 등을 추가로 언급하고 있다.

자막 방송의 비율은 영국 등 주요 방송국의 경우 평균 88%를 보이고 있어 한국의 자막 방송 서비스 제공 현황과 별반 차이가 없는 반면(송종길 외, 2009), 일본의 NHK는 상대적으로 저조한 편이다. 일본의 경우 주요 방송사의 프로그램과 주요 지역(오사카, 나고야 포함) 및 기타 지역 민방(101지국)의 자막 방송 서비스 비율은 평균 67%에서 89%까지 꽤 높은 편이지만, 한국과 마찬가지로 화면해설방송과 수화방송 서비스 비율은 높지 않아서 NHK 방송국의 경우 2007년 기준, 화면해설방송이 종합적으로 3.7%, NHK 교육 방송만 살펴보면 8.7% 정도였다. 수화방송은 2006년 현재 NHK의 교육의 경우 2.4%로 불과한 등 그 비중이 현저히 낮았다. 하지만 대상 방송사는 많아서 화면해설방송과 수화방송 서비스도 자막방송 서비스와 마찬가지로 많은 민간 방송사에서도 제공하고 있는데, 예를 들어 2007년 기준 화면해설 방송의 경우 127개 중 87사에서 서비스를 실시하고 있고 수화 방송은 88사가 제공했다.

행정지침을 통한 자막방송 제작 유도 및 실태조사에 따르면, 2007년 오전 7시에서 오후 12시까지 방송하는 자막 삽입이 가능한 모든 프로그램을 대상으로 '17년까지 모두 자막을 삽입하고, 10%에 화면해설을 부여하도록 명시한 지침을 통보한 바 있다. 또한 총무성은 1997년부터 매년 자막방송 실태조사를 실시하고 있으며, 2000년부터는 방송사의 자막방송 시간을 조사하여 공표하는 등 추이를 점검하고 있다.

일본의 장애인방송 정책과 관련하여 주목할 만한 또 다른 점은 정책 대상자를 장애인으로 국한시키지 않고 고령자도 주요 대상자로 명시하고 있다는 점이다. 일본은 장애인과 고령자를 모두 주요 대상자로 보고 정책을 추진해서 공공서비스의 일환으로 정부가 주도하고 있는 장애인방송서비스 정책이 대다수의 비장애인을 배제한 소수의 장애인을 위한 서비스라는 인식을 벗어날 수 있었다. 또한 비장애인이라도 언젠가 장애인방송서비스 관련 정책의 실질적 수혜자가 될 수 있음을 보여주면서 보편적 공공 정책의 가치를 강조하고 있다(홍종배, 2011).

또한 독립행정법인을 통한 기금활용인데 1997년부터 독립 행정법인인 '정보통신연구기구(NICT)'가 장애인 통신방송개발지원금을 조성하기 시작해서 2008년까지 51억 엔을 조성하였으며, 2009년까지 99개사에 조성금을 지원한 바 있다. 장애인방송 제작은 비강제적 조항으로 되어 있으나, 총무성이 행정지침을 통해 관리, 감독하고 방송사가 동 지침을 준수하고 있는 상황이다.

일본의 대표적인 방송 소외계층 지원 법안으로는 1996년 '방송법'에 방송사업자의 시청각장애인용 자막프로그램 및 해설프로그램 방송 노력의무 규정, 1997년 '신체장애자법'에 동 사업 추진 및 정보통신연구기구의 자막, 해설프로그램 제작 사업을 위한 조성금 지원 근거 규정이 있다.

(2) 주요정책

총무성은 2006년 10월 시청각장애인을 위한 방송의 새로운 보급 목표를 설정하기 위하여 '디지털방송 시대의 시청각장애인 위한 방송에 관한 연구회'를 개최하고 2007년 10월에는 「시청각장애인을 위한 방송보급행정지침」을 책정했다.

이 지침은 2008년부터 향후 10년간 자막방송의 확충뿐만 아니라 기존에 기술적인 문제로 자막 부여 대상에서 제외되어 왔던 뉴스나 스포츠중계 등의 생방송 프로그램과 오픈 캡션을 자막방송의 대상으로 포함했다. 다만, 이 지침은 지상파 방송사업자 중 지방의 현역별 방송사업자에 대한 자막부여 목표치를 유보했다.

또한, 자막방송에 대한 예외 조건에는 첫째로 여러 명이 동시에 회화하는 생방송 프로그램 등 기술적으로 자막을 부여할 수 없는 방송프로그램, 둘째로 외국어 프로그램, 셋째로 기악연주 음악프로그램, 넷째로 권리처리상의 이유 등에 따라 자막을 부여할 수 없는 방송프로그램 등 4가지 항목을 설정했다.

이에 더해 이 지침은 해설방송의 보급·확대를 포함하였으며 해설방송의 예외 조건에는 권리처리상의 이유 등에 따라 해설을 부여할 수 없는 방송프로그램으로 규정했다.

〈표 10〉 시청각장애인을 위한 방송보급행정지침(화면해설방송)

구분	보급목표 대상		목표	비고
	대상시간	대상프로그램		
NHK	7시 - 24시	권리처리상의 이유 등에 따라 해설을 부여할 수 없는 방송프로그램을 제외한 모든 방송프로그램(주)	2017년도까지 대상이 되는 방송프로그램의 10%에 해설 부여	교육방송은 대상이 되는 방송프로그램의 15%에 해설 부여
방송대학학원			청각장애인 등의 니즈 실태를 고려하여 가능한 많이 해설 부여	
지상파 민방 BS방송(NHK 제외)			2017년도까지 대상이 되는 방송프로그램의 10%에 해설 부여	현역국은 가능한 목표에 가깝게 해설 부여 독립U국 및 BS방송은 목표연차를 탄력적으로 조정
CS방송 유선TV방송 전기통신무역이용 방송			당면은 가능한 많은 방송프로그램에 해설 부여	

주) 「권리처리상의 이유 등에 의해 해설을 부여할 수 없는 방송프로그램」이란 다음과 같은 방송프로그램을 말함.
① 권리처리상의 이유에 의해 해설을 부여할 수 없는 방송프로그램
② 2개국 언어방송과 부음성 등 2이상의 음성을 사용하고 있는 방송프로그램
③ 5.1ch 서라운드 방송프로그램
④ 주음성에 부여할 여유가 없는 방송프로그램
출처: 해외 선진국과 국내의 장애인방송 운영제도 비교 연구, 2014 재인용

한편, 총무성은 기술동향 등을 고려하여 '시청각장애인을 위한 방송보급 행정지침'의 책정 5년 후를 목표로 개정하기 위해 2011년 가을부터 해외조사를 실시하고 2012년 1월부터 「디지털방송 시대의 시청각장애인을 위한 방송의 충실에 관한 연구회」를 개최해 왔다. 그 결과 이 지침은 2012년 10월에 다음과 같이 개정되었다.

먼저 자막방송의 경우 첫째, NHK와 지상파 계열의 민방 및 BS방송(NHK 제외)은 대규모 재해 등 긴급 시의 방송에 대해 가능한 모든 프로그램에 자막을 부여하는 것이 새로운 목표로 추가되었다. 또한 NHK는 재해 발생 후 신속한 대응이 가능하도록 가능한 조기에 모든 정시뉴스에 자막을 부여하는 것도 신설되었다.

다음으로 해설방송은 방송사업자로부터 해설방송 프로그램의 예외 대상 범위가 애매하다는 문제가 제기됨에 따라 2010년도부터 총무성과 방송사업자가 협의하여 '권리처리상의 이유 등'이라는 표현 중 '등'의 요건으로 2개국 언어방송과 부음성 등 2개 이상의 음성을 사용하고 있는 방송프로그램, 5.1채널 서라운드 방송프로그램, 주음성에 부여할 여유가 없는 방송프로그램 등 3개 항목이 추가되어 보급목표 대상이 되는 프로그램을 명확히 하였다.

마지막으로 지금까지 목표치가 부여되지 않았던 수화방송의 경우, NHK의 수화방송 실시 시간을 가능한 증가시킬 것과 방송대학학원과 지상파 계열 민방 및 BS방송(NHK 제외)도 수화방송의 실시/충실을 위해 가능한 노력할 것을 각각 추가했다.

일본의 화면해설 방송편성 현황을 살펴보면 다음과 같다. 먼저 지상파 방송사업자의 자막확충계획에 대해 총무성이 방송사업자를 대상으로 실시하고 있는 '시청각장애인을 위한 방송현황 실태조사'에 의하면, 2013년 3월 말 현재 시청각장애인을 위한 자막방송(오픈 캡션 포함)을 제공하고 있는 방송사업자는 NHK를 비롯하여 지상파 민방사업자 127개사(오픈 캡션 2개사 포함)로 구성되어 있다.

2013년 3월 말 기준 화면해설방송은 NHK와 지상파 민방사업자 117개사가 서비스를 제공하고 있다. 해설방송의 경우 지상파 방송사업자 가운데 자막 부여 가능한 방송시간 중 자막방송 시간이 차지하는 비율은 NHK의 교육방송이 12.4%로 가장 높은 비율로 제공하고 있으며, 민방사업자들은 TV 아사히와 아사히방송을 제외하면 5% 미만의 수준에 그치고 있다.

〈표 11〉 화면해설방송 보급 현황

구분	해설 부여 가능한 방송시간 중 해설방송 시간이 차지하는 비율		총 방송시간에 차지하는 해설방송 시간 비율	
	2011년도	2012년도	2011년도	2012년도
NHK(종합)	8.9%	9.4%	7.6%	8.0%
NHK(교육)	12.0%	12.4%	10.7%	11.9%
도쿄 민방 5사	3.0%	4.3%	1.1%	1.5%
오사카 지역 민방 4사	3.0%	4.3%	1.2%	1.6%
나고야 광역 민방 4사	2.6%	3.2%	1.0%	1.2%
기타 전국 계열 지방국(101사)	1.7%	2.5%	1.0%	1.2%

출처: 總務省 보도자료, 「平成24年度の字幕放送の等の實績」, 해외 선진국과 국내의 장애인방송 운영제도 비교 연구, 2014 재인용

한편 일본은 1993년 시청각장애인을 위한 방송을 보급·확대하기 위해 '신체장애자의 편의 증진에 기여하는 통신·방송 신체장애자 이용 원활화 사업의 추진에 관한 법률'을 제정하여 방송사업자의 자막·해설·수화 제작을 지원하는 조성금 제도를 도입해 왔다.

이와 같은 조성금 제도는 1993년 도입 당시 통신·방송기구(TAO)가 관리해 왔지만, 2002년 12월 '독립행정법인 정보통신연구기구(NICT)법'이 제정됨에 따라 2004년 4월 신설된 NICT가 관장하고 있다[8]. 또한 조성금 제도는 1993년 도입 당시 위성방송수신대책기금을 주요 재원으로 하여 방송사업자를 지원해 왔지만, 1997년부터 총무성의 보조금으로 정보통신이용촉진지원

---

8) NICT는 2011년 4월 현재 444명의 직원, 355.4억 엔의 예산으로 운영되고 있다.

사업비가 추가되었으며 2010년부터는 위성방송수신대책기금 대신 총무성의 보조금을 주요 재원으로 운영되고 있다.

〈표 12〉 2013년 3월 말 현재 주요 지상파 방송사업자의 해설방송 보급 현황

연도		해설 부여 가능한 방송시간 중 해설방송 시간이 차지하는 비율		총 방송시간에 차지하는 해설방송 시간 비율	
		계획치	실적치	계획치	실적치
도쿄지역	NHK(종합)	8.6%	9.4%	7.0% 정도	8.0%
	NHK(교육)	11.9%	12.4%	10.0% 정도	11.9%
	니혼TV	2.4%	4.0%	0.9%	1.3%
	TBS	2.7%	3.3%	0.9%	1.1%
	TV아사히	3.9%	7.0%	1.6%	2.9%
	후지TV	3.0%	4.4%	1.3%	1.4%
	TV도쿄	2.4%	2.4%	0.9%	1.0%
오사카지역	마이니치방송	2.7%	4.5%	0.9%	1.5%
	아사히방송	3.7%	6.0%	1.6%	2.5%
	요미우리TV	1.2%	2.0%	0.7%	0.9%
	칸사이TV	3.3%	3.9%	1.4%	1.4%
	TV오사카	1.3%	1.2%	0.7%	0.7%
나고야지역	추부니혼방송	2.3%	3.5%	0.9%	1.3%
	토카이TV	3.2%	3.9%	1.3%	1.4%
	나고야TV	2.9%	3.1%	1.2%	1.3%
	추쿄TV	1.6%	2.2%	0.6%	0.9%
	TV아이치	1.4%	1.6%	0.6%	1.0%

출처: 總務省 보도자료, 「平成24年度の字幕放送の等の實績」, 해외 선진국과 국내의 장애인방송 운영제도 비교 연구, 2014 재인용

NICT는 '독립행정법인 정보통신연구기구의 업무에 관한 업무방법서'와 '독립행정법인 정보통신연구기구 통신·방송 신체장애자 이용 원활화 사업의 실시에 필요한 자금에 관한 조성금 교부업무에 관한 규정'(자막프로그램, 해설프로그램 등 제작 촉진 조성금 교부 요강)을 작성하여 총무성의 승인을 받고 있다. 또한 NICT는 총무성의 심사를 거쳐 보조받은 정보통신이용촉진 지원 사업

비를 토대로 방송사업자(지상파·위성·CATV)의 자막·해설·수화 방송프로그램의 제작에 필요한 조성금 신청을 공모하여 방송사업자에게 교부하고 있다.

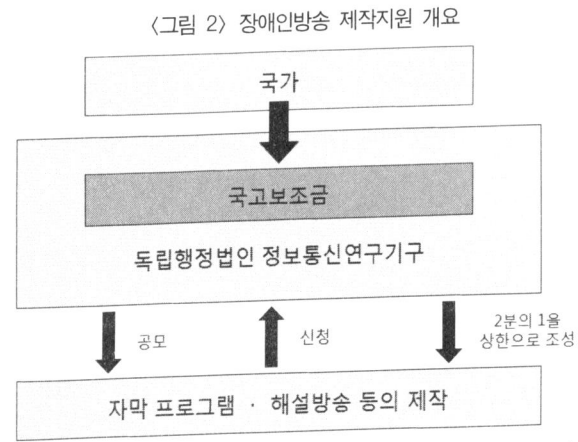

〈그림 2〉 장애인방송 제작지원 개요

출처: 總務省 홈페이지(http://www.soumu.go.jp/main_sosiki/joho_tsusin/b_free/b_free02b.html)
(재인용)

NICT가 조성금 지원 대상으로 선정한 방송사업자에게는 자막·해설·수화를 부여하기 위한 추가적인 경비의 1/2을 상한으로 조성금을 지원하고 있다. 다만, NICT는 생방송을 제외한 자막프로그램의 경우 재경 민방 5사에게는 2011년부터 종전의 1/6 상한에서 1/8 상한으로 변경했으며, 오사카지역의 민방 4사에 대해서는 기존의 1/4 상한으로 조성금을 지원하고 있다.

그러나 NICT는 시청연령 제한프로그램과 스폰서 등이 추가적인 경비를 부담하는 프로그램, NHK의 모든 프로그램에 대해 조성금 지원 대상에서 제외하고 있다. 또한 NICT는 자막·해설·수화를 부여하기 위한 추가적인 경비(이중 경비)를 스폰서 등이 부담할 경우에도 조성금 지원 대상에서 제외하고 있다. 다만, 재경 민방 5사의 자막프로그램에 대해서는 추가적인 경비의

3/8, 오사카지역의 민방 4사의 자막프로그램에 대해서는 1/4을 상한으로 스폰서 등의 경비 부담을 인정하고 있다.

이러한 조성금 교부방식은 2010년도까지 재단법인 방송프로그램센터, 재단법인 사랑의 비둘기 사업단, TV아사히복지문화사업단, 사단법인 일본케이블TV연맹, 사단법인 위성방송협회 등과 같은 공익법인을 중개하여 각 방송사업자에게 교부되어 왔다. 이에 따라 1993년도부터 2014년도까지 NICT가 시청각장애인을 위한 자막·해설·수화방송 프로그램의 제작을 지원해 온 방송프로그램은 총 33만 1,567편이며, 조성금은 총 74억 5,716억 엔에 이르고 있다.

방송사업자가 조성금을 신청하기 위해서는 NICT가 마련한 '자막·해설·수화 방송프로그램 촉진 조성금 교부신청서'를 작성하여 제출해야 하며 NICT는 방송사업자의 신청에 대해 신청서를 심사하고 필요에 따라 실태조사를 실시한 후 조성금 교부를 결정한다.

또한 NICT가 조성금 교부를 결정했을 때에는 자막·해설·수화방송 프로그램 제작 촉진 조성금 교부 결정에 관한 통지서를 방송사업자에게 통지하며 필요한 경우에는 조성금의 교부신청에 관한 사항을 수정하거나 조건을 부가할 수 있다. 방송사업자는 NICT의 조성금 교부 결정 통지서를 받은 경우 조성금 교부 결정 내용이나 이에 수반되는 조건에 이의가 있을 때에는 통지서가 교부된 날로부터 20일 이내에 서면으로 조성금 교부 신청을 철회할 수 있다. 반면에 NICT는 조성금 교부가 부적당하다고 결정했을 때에는 자막·해설·수화 방송프로그램 제작 촉진 조성금을 교부하지 않는다는 결정의 통지서를 방송사업자에게 통지해야 한다.

NICT는 조성금의 신청 시기를 매년 2월로 예정하고 있으며 그 사업 시기는 해당 연도의 4월 1일부터 익년 3월 31일까지로 설정하고 있다. 또한 자막·해설·수화방송을 제작하는 방송사업자는 NICT가 제공하는 신청 서류를 토대로 작성하여 제출해야 한다. 이러한 신청 서류에는 방송프로그램의 제목, 목적, 개요, 종별(자막·해설·수화), 방송시간, 방송일시, 방송편수, 제작단가 및 근거 자료, 사업계획서, 재무상황 등의 항목이 포함되어 있다.

〈표 13〉 NICT의 조성금 지급 현황

연도	프로그램 편수	조성 금액(단위 : 만 엔)			조성대상자
		기금운용수익	보조금	합계	
1993	29	402	-	402	(재)방송프로그램센터 (재)사랑의 비둘기 사업단
1994	202	2,925	-	2,925	(재)방송프로그램센터 (재)사랑의 비둘기 사업단 TV아사히복지 문화사업단
1995	188	1,846	-	1,846	상동
1996	150	1,878	-	1,878	상동
1997	950	1,975	1억744	1억2,719	상동
1998	938	1,329	1억1,028	1억2,356	상동
1999	4,360	767	3억7,363	3억8,130	(재)방송프로그램센터 (재)사랑의 비둘기 사업단 TV아사히복지 문화사업단 (사)일본케이블TV연맹 (사)위성방송협회
2000	4,910	1,048	4억3,350	4억4,398	(재)방송프로그램센터 (재)사랑의 비둘기 사업단 TV아사히복지 문화사업단 (사)일본케이블TV연맹
2001	5,168	1,914	4억3,350	4억5,264	상동
2002	6,435	2,251	5억1,102	5억3,353	상동

2003	8,667	2,171	5억1,100	5억3,271	상동
2004	15,063	1,000	6억3,941	6억4,941	상동
2005	12,724	500	3억9,274	3억9,774	상동
2006	16,043	500	4억6,198	4억6,698	상동
2007	14,434	500	4억1,655	4억2,155	상동
2008	12,622	500	4억385	4억885	상동
2009	13,232	500	4억2,378	4억2,878	상동
2010	35,165	-	4억1,230	4억1,230	방송사업자 103개사
2011	36,979	-	3억8,783	3억8,783	방송사업자 94개사
2012	54,109	-	3억8,718	3억8,718	방송사업자 104개사
2013	55,759	-	4억4,395	4억4,395	방송사업자 112개사
2014	33,440	-	3억8,711	3억8,717	방송사업자 101개사
누계	331,567	2억2,005	72억3,711	74억5,716	-

출처: NICT 홈페이지(http://www2.nict.go.jp/ict_promotion/barrier-free/102/index.html), 해외 선진국과 국내의 장애인방송 운영제도 비교 연구, 2014 재인용

마지막으로 한신 아와지 대지진의 체험에 기초하여 긴급 재해시의 정보보장을 포함한 장애자 독자적인 정보 발신 시스템과 네트워크를 구축하기 위해서 1998년에 재단법인 전 일본농아연맹, 사단법인 전 일본난청자·중도 실청자단체연합회를 중심으로 설립된 CS장애자 통일기구는(2001년에 특정비영리활동법인으로 인정된) 청각 장애자를 대상으로 통신위성을 이용하여 청각 장애자 전용의 프로그램 '눈으로 듣는 텔레비전'을 전달하고 있다. 또 사회복지법인 일본맹인회연합이 실시하고 있는 시각 장애자를 위한 해설방송 개발에 관한 조사 연구도 특정비영리활동법인 CS장애자 방송통일기구와의 제휴를 통해 실시하고 있다(해외 선진국과 국내의 장애인방송 운영제도 비교 연구, 2014).

8장. 장애인방송 인력현황9)

1. 장애인방송 제작인력 현황

장애인방송 사업자 중 장애인방송 제작인력을 보유하고 있는 비율은 67.7%로, 3개 중 2개 사업자가 제작인력을 보유하고 있는 것으로 나타났다. 사업자별로 살펴보면 시청자미디어센터 및 장애인방송제작사 100%, 유선 및 위성방송사업자 78.8%, 보도 및 종합편성채널 66.7%, 지상파방송 사업자 62.8%, 채널사용사업자 43.5% 순으로 나타났다.

〈표 14〉 장애인방송 제작인력 보유 여부

(단위: %)

구 분		사업자 수	보유	비보유	무응답
전체		127	67.7	29.9	2.4
방송 사업자	지상파	43	62.8	30.2	7.0
	유선 및 위성	52	78.8	21.2	-
	채널사용사업	23	43.5	56.5	-
	보도 및 종편	3	66.7	33.3	-
	센터 및 제작사	6	100.0	-	-

출처: 해외 선진국과 국내의 장애인방송 운영제도 비교 연구, 2014

장애인 방송별로 제작인력을 전문 인력과 일반 인력으로 나누어 살펴보면 다음과 같다.10) 수화방송 인력은 총 282명, 전문 인력 119명(42.2%), 일

---

9) 이하 부분은 〈해외 선진국과 국내의 장애인방송 운영제도 비교 연구〉(2014), 한국방송통신전파진흥원 연구보고서, 전남대 산학협력단의 일부 내용을 발췌한 것임.

반인력 163명(57.8%)으로 집계되었다. 수화방송을 제작하는 자체인력의 경우, 지상파방송이 106명으로 가장 많은 인력을 보유하고 있으며 유선 및 위성방송, 채널사용사업자 각 37명, 보도 및 종합편성채널 1명, 시청자미디어센터 및 장애인방송제작사 8명으로 집계되었다. 이들 중 전문 인력의 비율은 지상파방송 22.6%, 유선 및 위성방송 13.5%, 채널사용사업자 18.9%, 보도 및 종합편성채널 100%, 시청자미디어센터 및 장애인방송제작사 87.5%로 평균적으로 약 42.2%의 비율로 인력이 구성되어 있다. 수화방송의 외주 전문 인력은 지상파방송 41명, 유선 및 위성방송 12명, 채널사용사업자 20명, 보도 및 종합편성채널 2명으로 조사되었다. 시청자미디어센터 및 장애인방송제작사는 외주 인력 없이 자체 인력으로만 수화방송을 제작하는 것으로 나타났다.

이들 중 전문 인력의 비율을 살펴보면, 지상파방송은 전문 인력이 없었고, 유선 및 위성방송 11.8%, 채널사용사업자 21.2%, 보도 및 종합편성채널 75.0%, 시청자미디어센터 및 장애인방송제작사 95.4%였다. 자막방송의 외주 전문인력은 지상파방송 47명, 유선 및 위성방송 10명, 채널사용사업자 15명, 보도 및 종합편성채널 5명으로, 자막 방송은 외주 전문 인력이 50% 이상의 높은 비율로 구성되어 있는 것으로 조사되었다. 시청자미디어센터 및 장애인방송제작사는 수화방송과 동일하게 외주 인력 없이 자체 인력으로 자막방송을 제작하는 것으로 나타났다.

화면해설방송 인력은 총 458명, 전문 인력 167명(36.5%), 일반인력 291명(63.5%)으로 장애인방송 중 가장 많은 인력이 속해있는 것으로 나타났다. 화

---

10) 장애인방송 전문 인력에는 수화 통역사, 자막 속기사, 전문 성우, 화면해설 작가, 장애인모니터요원 등이 포함되며, 일반 인력에는 PD, 작가, 엔지니어, 카메라맨, 편집 인력 등이 해당된다.

면해설방송을 제작하는 자체인력은 지상파방송의 경우 34명, 유선 및 위성방송 28명, 채널사용사업자 15명, 보도 및 종합편성채널 2명, 시청자미디어센터 및 장애인방송제작사 184명으로 집계되었다. 시청자미디어센터 및 장애인방송제작사를 제외하고는 전문 인력의 비율이 매우 낮다.

〈표 15〉 화면해설방송 제작인력 현황

(단위: 명, %)

구 분		합계	전문 인력		일반 인력	
			인원	비율	인원	비율
전체		458	167	36.5	291	63.5
자체 인력	지상파	34	6	17.6	28	82.4
	유선 및 위성	28	1	3.6	27	96.4
	채널사용사업	15	0	0.0	15	100.0
	보도 및 종편	2	0	0.0	2	100.0
	센터 및 제작사	184	51	27.7	133	72.3
외주 인력	지상파	72	32	44.4	40	55.6
	유선 및 위성	3	0	0.0	3	100.0
	채널사용사업	44	32	72.7	12	27.3
	보도 및 종편	0	0	0.0	0	0.0
	센터 및 제작사	76	45	59.2	31	40.8

출처: 해외 선진국과 국내의 장애인방송 운영제도 비교 연구, 2014

지상파방송 17.6%, 유선 및 위성방송 4.6%, 시청자미디어센터 및 장애인방송제작사 27.7%이며, 채널사용사업자, 보도 및 종합편성채널은 자체 전문 인력이 없다. 화면해설방송의 외주 전문 인력은 지상파방송 32명, 채널사용사업자 32명, 시청자미디어센터 및 장애인방송제작사 45명으로 조사되었다. 유선 및 위성방송과 보도 및 종합편성채널은 전문 인력은 외주 형태로 사용하지 않는 것으로 나타났다.

화면해설방송의 경우, 인력은 수화 및 자막방송과 비교해서 더 많은 반면, 전문 인력 비중보다는 일반 인력이 많다는 점에서 일반 작가, 일반 성우 등 화면해설방송 전문 인력보다는 일반 인력으로 화면해설방송을 제작하는 것으로 볼 여지가 크다.

다음으로 장애인방송 제작인력 충원계획에 대해 살펴보면, 향후 2015년까지 장애인방송 제작인력을 충원할 계획이 있는 사업자는 40.2%로 나타났다. 방송사보다는 시청자미디어센터 및 장애인방송제작사가 83.3%로 충원계획이 평균 두 배 이상 많은 것으로 조사되었다. 방송사업자 중에서는 보도 및 종합편성채널 66.7%, 유선 및 위성방송 59.6%로 타 방송사업자에 비해 제작인력을 충원할 계획이 상대적으로 많은 것으로 조사되었다.

〈표 16〉 장애인방송 제작인력 충원 계획

(단위: %)

구 분		사업자 수	계획	미계획	무응답
전체		127	40.2	57.5	1.4
방송 사업자	지상파	43	18.6	74.4	7.0
	유선 및 위성	52	59.6	40.4	-
	채널사용사업	23	21.7	78.3	-
	보도 및 종편	3	66.7	33.3	-
	센터 및 제작사	6	83.3	16.7	-

출처: 해외 선진국과 국내의 장애인방송 운영제도 비교 연구, 2014

장애인방송 별로 제작인력 충원계획을 살펴보면, 모두 전문 인력을 일반 인력보다 더 많은 비율로 충원할 예정인 것으로 조사되었다. 먼저 수화방송의 경우 총 137명 중 전문 인력 77명(56.2%), 자막방송 223명 중 전문 인력 149명(66.8%), 화면해설방송은 200명 중 129명(64.5%)로 장애인방송 제작을 위한 전문 인력을 보충할 계획을 가지고 있는 것으로 나타났다.

구체적으로, 충원 계획이 있는 수화방송의 자체인력은 지상파방송은 28명, 유선 및 위성방송은 11명, 채널사용사업자는 8명, 보도 및 종합편성채널은 1명, 시청자미디어센터와 장애인방송제작사는 6명으로 조사되었다. 이 중에서 전문 인력으로 100% 충원할 계획을 가지고 있는 사업자는 보도 및 종합편성채널이었고, 시청자미디어센터와 장애인방송제작사는 83.3%로 전문 인력을 충원할 계획인 반면, 유선 및 위성방송과 채널사용사업자는 모두 일반인력으로, 지상파방송의 경우도 14.3%만 전문 인력을 충원할 계획이라고 밝혔다. 한편 수화방송 외주 인력 충원 계획은 자체인력 계획과 매우 대조적이다. 외주 전문 인력은 지상파방송 42명(73.7%), 유선 및 위성방송 42명(73.7%), 채널사용사업자 20명(100%), 보도 및 종합편성채널 1명(100%)로 대부분을 차지하고 있으며, 시청자미디어센터와 장애인방송제작사만 외주인력을 충원할 계획이 없는 것으로 조사되었다.

2. 장애인방송 제작인력과 방송품질에 대한 현업인 의견

다음으로, 장애인방송의 품질을 제고하기 위한 제도 개선을 위해 장애인방송 제작인력, 장비, 시설, 시스템 등에 대한 사업자들의 의견을 조사하였는데, 대부분의 사업자들은 장애인방송 제작인력의 수적인 증가와 교육 기회의 증가, 그리고 이를 위한 재정적인 지원에 대해 의견을 제시하였다. 제작인력에 대한 사업자들의 의견은 다음과 같다.

지상파 방송의 경우, 수화통역사, 자막속기사 등 장애인방송을 제작하기 위한 주요 전문 인력이 필요하다는 것을 주장하면서 이에 대한 비용 지원, 교육 및 연수 등의 필요성을 언급하였다. 유선 및 위성방송 역시 지상파방송과 마찬가지로 전문 인력에 대한 필요성과 전문 인력의 교육에 대한 중요성을 피력하였고, 일반 인력 중 전문적으로 장애인방송을 담당하여 제작할 수 있는 교육도 필요하다는 의견을 제시하였다. 채널사용사업자는 현재 비용절감을 위해 부득이 하게 일반 인력으로 장애인방송을 제작하고 있으며 이로 인해 프로그램의 품질을 제고하기 어렵다는 점을 들어 전문 인력의 증가를 주장하였다. 보도 및 종합편성채널은 외주제작 인력의 사용하는 데에 있어서 지상파방송이 아닌 유료시장에 맞는 외주업체 단가 설정이 필요하다는 점을 밝혔다. 장애인방송제작사 및 시청자미디어센터는 현재 진행되고 있는 교육 프로그램의 수준을 높이기 위해 선진국 기술 탐방, 학계와의 연계, 기존 전문 인력 보수 교육 등 교육 프로그램을 통해 제작인력의 전문성을 향상시키는 방안에 대한 상당히 구체적인 의견을 제안하였다.

　장애인방송 제작 장비에 대한 사업자들의 의견은 비용 지원, 장비개발, 기술 호환, 전용 시스템 전환 등 구체적인 내용이 많았다. 지상파방송은 장비 구입 및 장비 투자 필요를 역설하였고, 장애인방송용 장비를 사용하기에 앞서 다른 방송장비에 부합할 수 있는 규격을 마련하는 것이 필요하다는 주장을 하였다. 유선방송 및 위성방송 사업자는 기존의 장비를 장애인방송 제작을 위해 기존 장비를 활용하는 방안에 대한 언급이 있었고, 반대로 공용 장비가 아닌 전용 장비로의 전환이 필요하다는 주장도 함께 있었다. 이는 유선방송 사업자의 실정에 맞게 사용하기 위한 장비활용 의견을 제안하였기 때문에 상이한 의견이 나온 것으로 판단된다. 채널사용사업자의 경우, 제작비 절감을 위한 디코더 장비 제공, 장비의 기술표준화 작업, 장비 대여 등 제작 장비를 활용하는 방법을 제안하였다. 시청자미디어센터와 장애인방송제작사는 화면해설방송 제작을 위한 장비 지원의 필요성을 언급하였다.

특히 화면해설방송의 경우 화면해설 작가가 작성하는 대본과 관련해서 주관이 개입되지 않고, 좀 더 쉽고 간결한 표현이 필요하다는 의견과 이해하기 쉬운 단어와 상황을 적절히 설명할 수 있는 단어 등 어휘 선택의 문제를 지적하는 의견이 있었다. 성우를 통해 전달되는 해설과정에 대해서는 발음의 정확성이나, 주관적 감정 배제, 속도의 적절성 등의 개선을 요구하였다. 엔지니어가 담당하는 기술적인 측면에서는 중간에 끊어지지 않도록 하고, 속도와 음량을 조절할 수 있는 기능이 보완되기를 바란다는 의견이 제시되었다(최은경, 2014).

그 동안 일부 단체와 대학을 중심으로 화면해설 능력을 갖춘 전문 인력을 양성을 위한 교육이 진행 중이다. 예를 들어 부산의 경우 배리어프리 영상 전문 인력 양성사업은 2013년 부산국제영화제와 부산시청자미디어센터의 공동 협력으로 시작되었다.

디지털마스터링, 화면해설, 자막해설 등 3개 분야에 대한 인력사업과 커리큘럼 및 교재개발을 진행하였는데 그 결과 디지털 영상 마스터링 분야 15명, 화면해설 분야 9명, 자막분야 9명 등 총 33명의 교육수료생들이 현업에서 활동하고 있다. 동명대학교 신문방송학과에서도 2014년부터 2015년까지 한국콘텐츠진흥원의 지원으로 화면해설을 위한 전문 인력을 위한 사업을 수행하였다. 그 결과 교재개발과 함께 화면해설을 위한 전문교육강좌를 운영하여 30여 명의 수료생을 배출하여 현재 부산국제영화제에서 화면해설사로 활동하였고, 추후 방송분야로 그 활동을 넓힐 계획에 있다. 향후에도 상술한 화면해설에 대한 현업인과 장애인의 개선요구 사항들을 근거로 더욱 전문성 있는 인력양성 노력이 지속되어야 할 것이다.

9장. 화면해설 정책방향과 미래

1. 화면해설 정책 개선방안

해외 각국의 장애인방송 제작지원 상황에서 얻을 수 있는 시사점은 국가별로 지원유형에 다소 차이가 있지만 대부분의 국가에서 장애인의 미디어 이용에 대한 동등접근권을 보장하기 위한 정책을 펼치고 있고, 그 지원이 전 국민의 디지털 격차를 해소하기 위해 스마트 미디어라고 볼 수 있는 뉴미디어 영역에까지 확대되고 있다는 것이다. 특히 영국 정부는 방송사들에게 장애인 방송 활성화를 위해 별도의 재정 지원을 하지 않을 뿐만 아니라, 주도적으로 제작사를 육성하고 지원하는 시스템도 아니라는 측면에서 방송사에 화면해설 감독뿐만 아니라 일부를 지원하고 있는 우리나라의 경우와는 다소 차이가 있다. 영국의 경우 대부분의 방송사들은 전문 인력을 양성하고 각 서비스에 대한 제작 시스템을 갖출 여력이 없는 경우가 대부분이기 때문에 사업자가 직접 제작을 하지 않고 모두 외부 전문 업체에 아웃소싱(out souring)하고 있다. 이에 장애인 방송 서비스가 앞으로 더욱 요구될 것이라는 시대적 흐름을 읽고 시장에 뛰어든 제작자들이 전문성과 양질의 서비스를 제공할 수 있다는 신뢰를 담보로 서로 경쟁하고 있다.

우선 자막, 수화, 화면해설 서비스를 해야 하는 목표치도 가장 높고, 의무 대상 채널도 가장 많이 보유하고 있는 BBC의 경우 레드비(RedBee Media)라는 제작사를 런던 본사 내 두고 협력을 하고 있다. 과거 BBC의 자회사였던 레드비는 현재 BBC의 6개 채널(BBC One, BBC Two, BBC Three, BBC Four,

CBBC, Cbeebies)의 서비스를 전담하고 있으며, 그 밖에도 채널4와 UKTV의 신규 프로그램에 화면해설 서비스 제작하는데 주력하고 있다. 2012년부터는 BSkyB의 일부 프로그램도 담당하고 있으며, 영국 4개 자치지역에 270여 명의 직원을 두고 있다. 뿐만 아니라 최근 독일, 프랑스, 스페인 등에 해외 지사를 운영하고 있다.

특히 화면해설 서비스의 경우 2000년 초반에는 전문 인력을 확보하기도 어려웠을 뿐만 아니라, 작가(scripter)와 성우 그리고 엔지니어가 협업을 해야 하는 과정을 거치느라 제작 시간이 오래 걸렸지만 지금은 원고를 작성하고 화면해설 및 녹음까지 스스로 할 수 있는 전문 화면해설 방송 제작인(audio describer)을 확보하고 있어, 양질의 서비스가 가능한 환경을 구축하고 있다.

정부기관인 오프콤은 이들의 의무이행을 주기적으로 점검하고 격려하는 반면 장애인 단체들은 방송서비스를 지속적으로 모니터하면서 장애인들의 의견을 수렴해 정책에 반영될 수 있는 로비를 한다. 실제 장애인 방송 코드에서 뉴스와 퀴즈 프로그램의 화면해설 방송 서비스는 면제가 가능하다는 조항도 시각 장애인 협회인 RNIB의 적극적인 로비가 큰 역할을 했다.

영국은 장애인 방송서비스 의무 사업자들에게 세금해택이나 정부보조금이 전혀 없기 때문에, 제작업체들도 시장논리에 맡겨 자유 경쟁을 하도록 하고 있다. 하지만 양질의 서비스를 보장할 수 있는 업체는 소수이며, BBC는 Redbee가 ITV와 채널4 기타 영화사의 화면해설 및 자막 서비스는 디럭스미디어가 주로 독점하고 있다. 최근에는 3D작 프로그램의 화면해설 제작방식 뿐만 아니라, VOD 내 서비스가 활발히 논의되고 있다.

특히 서비스 제작사들은 전문 인력을 확보하기 위해 자체 인재육성 프로그램을 개발하고 있는데, 화면해설서비스의 경우 2000년 초반에는 전문 인력을 확보하기도 어려웠을 뿐만 아니라, 작가(scripter)와 성우 그리고 엔지니어가 협업을 해야 하는 과정을 거치느라 제작시간이 오래 걸렸지만, 지금은 원고를 작성하고 화면해설 및 녹음까지 스스로 할 수 있는 전문 화면해설 방송 제작인(audio describer)을 확보하고 있어, 양질의 서비스가 가능한 환경을 구축하고 있다.

분명한 점은 우리나라의 경우, 화면해설방송 인력은 수화 및 자막방송과 비교해서 더 많은 반면, 전문 인력 비중보다는 일반 인력이 많다는 점에서 일반 작가, 일반 성우 등 화면해설방송 전문 인력보다는 일반 인력으로 화면해설방송을 제작하고 있기에 전문 인력 양성이 시급하다는 것이다.

우리나라에서 필요한 화면해설 관련 정책 개선방안을 제시하면 다음과 같다.

첫째, 화면해설 서비스에 대한 양적·질적 개선이 지속적으로 요구된다. 방송의 질적 개선을 위해 협회에서 자체 모니터링을 실시하고 있으나, 지속적이고 체계화된 모니터링을 위해 규제기관의 도움이 필요할 것이다. 모니터링은 궁극적으로 시각장애인의 고용창출에도 도움을 줄 수 있다. 화면해설 방송의 경우 수신기 보급이 과거 10년간 3만대가 좀 넘지만, 현재 보급된 수신기의 A/S 문제가 해결되지 않고 있으며, 수신기 호환성과 수신기 모델이 큰 차이를 보이고 있다. 따라서 접근성이 뛰어난 수신기를 주문 생산하는 방향으로 예산의 효율적 운영을 기할 필요가 있다.

둘째, 화면해설 방송서비스 수신기 구입에 있어, 경제적 능력에 따라 구입이 불가능한 경우가 있기 때문에 좀 더 접근이 용이한 기술 개발이 필요하다. 셋째, 현재 화면해설 방송은 주말 낮방송(재방송)의 드라마, 교양 프로그램을 중심으로 서비스되고 있는데 화면해설 방송 서비스 가능 프로그램의 장르 확대가 필요하다. 또한 화면해설 방송서비스 비율이 자막방송에 비해 너무 낮게 책정이 된 이유에 대해서도 설득이 필요하며, 제작 단가와 예산에 대한 재평가와 지원이 필요하다.

넷째, 장애인 방송 제작에서 전문 인력 양성 및 교육을 규제기관에서 나서서 제도적 틀을 마련해야 한다. 예를 들어 화면해설분야에 전문 민간 자격증을 취득할 수 있도록 대학, 시청자미디어센터, 장애인 협회와 다각적으로 협력해서 운영할 수 있는 방안을 마련할 필요가 있다.

다섯째, 장애인들의 방송통신 서비스 지원의 지속성과 효율성을 위해 장애인들을 위한 스마트 미디어 접근권 지원 부서와 같은 기술 지원 전담 및 R&D 부서 설치도 필요하다. 즉 방송사고 사고 및 불만 처리에 대한 방송 미송출, 수신기 이용 불편, 품질 개선을 위한 모니터 부서를 신설해서 운영할 필요가 있다.

특히 정보통신 이용 환경이 PC에서 모바일 기반으로 급격하게 변화함에 따라 국가기관 및 민간 기업에서 경쟁적으로 모바일 앱을 개발·운영하고 있는 반면에 모바일 앱 접근성이 웹 접근성에 비해 저조한 상황이다. 따라서 장애에 관계없이 모바일 애플리케이션을 손쉽게 이용할 수 있는 모바일 환경 조성을 위한 노력이 필요하다. 2014년 정보격차실태조사 결과 장애인의 스마트폰 보유율은 51.3%로, 일반 국민에 비해 27.5%로 낮은 이유는 모바일 앱 접근성이 개선되지 않기 때문으로 추정된다. 향후에는 모바일 앱 접근성 외 스마트폰 플랫폼 접근성 기능향상 등 모바일 접근성 향상을 위한보다 다양한 정책이 추진되어야 할 것이다. 앱 접근성 관련 법률은 '장애인 차별금지 및 권리구제 등에 관한 법률'의 제20조(정보접근에서의 차별금지),

제21조(정보통신·의사소통 등에서의 정당한 편의제공의무)에 의거, 전자정보에 대하여 장애인이 동등하게 접근·이용할 수 있도록 규정되어 있지만 동법 시행령 제14조(정보통신·의사소통에서의 정당한 편의 제공의 단계적 범위 및 편의의 내용) 1항은 웹사이트만을 특정하고 있다. 또한 '모바일 애플리케이션 접근성 지침(미래창조과학부고시 제2013-107호)'의 제4조, 제5조에 의해 국가기관 등의 장은 무리한 부담이 없는 한 장애인 모바일 앱 접근성이 보장된 서비스를 제공하도록 규정하고 있다. 따라서 장애인차별금지법 제21조에서 전자정보를 장애인이 동등하게 접근 및 이용할 수 있도록 규정하고 전자정보의 범위를 시행령에 위임하였으나 시행령은 웹 사이트만을 규정하고 있어 실제 의무화된 전자정보의 범위는 웹 사이트에 한정되어 있다.

이와 같은 문제점을 개선하기 위해, 장애인차별금지법 제21조 상에 웹사이트, 소프트웨어, 모바일 애플리케이션 등을 포함하여 보다 접근성 준수 전자정보 범위를 명확히 할 필요가 있다. 웹사이트 이외에 소프트웨어, 모바일 앱 등 전자정보에 대한 접근성 범위를 구체화하고 실효성 있게 준수할 수 있는 환경을 만들기 위해서는 각 범위에 대한 접근성 준수여부 평가방법, 준수방법을 알려주는 표준, 제작기법 등이 선행되어야 할 것이고, 장애인차별금지법 제23조 제2항, 국가정보화기본법 제32조 제2항 및 제3항은 의무조항으로 개정하여 실효성을 확보해야 한다. 장애인차별금지법, 국가정보화기본법은 기본적으로 모바일 시대 이전에 제정된 법률로 한계점을 내포하기 때문에 중장기적으로는 모바일 시대 더 나아가서는 초연결사회 및 고령화사회를 살아가는 국민들의 정보통신 접근성 준수를 보장할 수 있는 새로운 법체계를 마련해야 된다(김봉섭, 2015).

그리고 방송사들이 장애인방송을 실시하기 위해서는 장애인들이 선호하는 방송프로그램이 다양한 방송매체를 통해 송수신되어야 한다. 그러나 현재 우리나라 장애인방송 전송체계는 장애인들이 선호하는 방송프로그램을 다양한 매체를 통해 송수신하는 체계가 갖춰져 있지 않다. 무엇보다도 장애인 및 일반인이 선호하는 지상파방송 프로그램조차도 유료방송 플랫폼 등을 통해 원활하게 전송되지 못하고 있다.

이에 따라 장애인방송 프로그램 신호가 모든 플랫폼을 통해 자유롭게 전송되고 장애인들은 자신이 원하는 플랫폼을 통해 방송을 수신할 수 있는 환경 구축이 필요하다. 이러한 장애인방송 신호체계 구축을 위해서는 지상파방송사와 방송채널사용사업자들이 방송프로그램을 제작하여 송출하는 과정에서 장애인을 위한 자막, 화면해설, 수화방송 등의 신호를 제작하여 동시에 송출하여야 한다.

특히 유료방송플랫폼들이 방송프로그램 신호에서 장애인방송 신호를 구분하여 송신하여 양질의 서비스를 제공할 수 있도록 별도의 전용선을 통해 별도의 장애인신호를 제공해야 한다. 이러한 장애인방송 신호는 공익 증진 측면에서 별도의 저작권료를 받지 않고 누구나 활용할 수 있도록 공개하는 것이 바람직하다. 그리고 유료방송 플랫폼사업자들은 지상파방송 및 방송채널사용사업자 등 콘텐츠 사업자들이 제공하는 장애인방송 신호를 가입자들에게 성실하게 제공하는 노력을 기울여야 한다. 유료방송의 주 전송장치에 장애인방송 송출시스템을 갖추고, 가입자들에게는 장애인방송 신호를 수신하여 표시할 수 있는 셋탑박스 장치를 보급해야 한다. 아날로그 가입자이든, 디지털 가입자이든지 장애인방송 수신이 필요한 가입자들에게 양질의 장애인방송이 수신되는 수신 장치를 보급하는 일에 관심을 기울여야 한다. (주정민·박승권·송종현·유승관, 2011).

특히 전반적으로 폐쇄자막방송의 제작과 송수신에 비해 화면해설방송의 경우는 더 힘들고 시간과 비용이 더 많이 들어가며 수신 상황도 좋지 않다. 수도권의 경우 모노방송일 때, 2TV 화면해설이 잘 되지 않는 한계를 보이기도 한다(이준호·구종상·이제영, 2010).

여섯째, 장애인의 요구를 이해하기 위해서는 장애인의 관점에서 무엇이 어떻게 필요하며, 장애인들이 이해할 수 있도록 장애인들이 직접 참여하는 내용의 서비스 개선이 지속되어야 한다.

결론적으로 방송소외계층을 위한 방송접근서비스 지원 사업은 각 사업별로 상당한 성과를 달성했고 효율적인 사업으로 관리·운영되고 있으나 미래에는 미시적인 차원에서보다는 좀 더 거시적인 차원에서 기술개발을 통한 미래지향형 지원 사업으로 전환할 필요가 있다. 이를 위해 장애인을 위한 스마트TV 및 스마트폰 성능 향상과 장애인용 스마트폰 애플리케이션 분야에서도 동등한 접근권 보장을 통해 보편적 복지가 이루어질 수 있는 정책이 지속되어야 할 것이다.

2. 화면해설에 적용가능한 뉴테크놀로지 및 미래

영비법 개정(2013.12 교문위 김윤덕 의원)을 통한 장애인의 영화관람 환경이 마련됨에 따라 우리나라의 영화상영은 일정비율로 수화·자막·화면해설 상영 의무화. 수화·자막·화면해설을 통한 배리어프리 전용상영관(100분의 30)을 대상으로 지원하고 있고, 메가박스의 공감데이 행사와 함께 CJ CGV(E&M) "장애인영화 관람데이"는 전국 18개 CGV 영화관내의 정기상영으로 연간 2만여명이 이용하고 있다. 롯데시네마의 경우도 홀트아동복지회와 협약식을 통해 반기별로 소외계층장애아동들에게 무료 영화관람의 기회를 주는 행사도 진행한다.

그리고 부산국제영화제(부산시청자미디어센터) 배리어프리 전용관은 오픈형 시청자 자막서비스를 제공하는데 원본(DCP) 내 화면해설 음성믹싱, 장애인 자막의 스크린 투사를 제공한다(부산시청자미디어센터, 2014).

1) 미니 FM 수신기

부산국제영화제 Barrier-Free 상영관 시스템의 핵심은 미니 FM 수신기다. 현재 우리나라의 배리어 프리 상영 시스템은 크게 오픈형과 폐쇄형으로 나뉜다.

〈그림 3〉 미니 FM 수신기

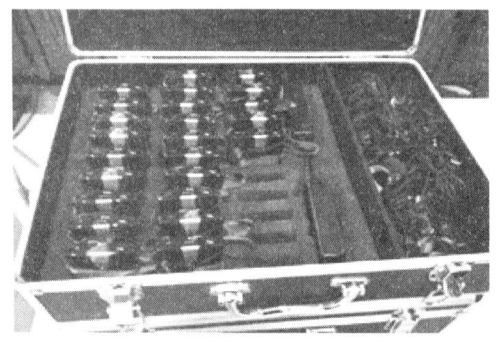

오픈형은 현재 CGV 배리어프리 상영관에서 운영하고 있는 방식으로 영화 상영 원본 파일에 화면해설음을 편집하여 삽입한 것을 말한다. 즉, 화면해설음을 영화 관람객 모두가 함께 들으며 감상하는 방식이다. 폐쇄형은 현재 부산국제영화제 배리어프리 상영관에서 거의 유일하게 채택하고 있는 방식으로서 영화 상영 원본 파일은 그대로 두고 별도의 디바이스 기기를 통해 화면해설음을 내보내는 것이다. 즉 화면해설음을 원하는 사람들만 선택해서 듣는 방식이다.

오픈형과 폐쇄형을 비교할 때 시각장애인 당사자들 입장에서는 아마 오픈형을 선호할 것이다. 영화 원음과 화면해설음의 음량 등을 편집을 통해 적절하게 조정 가능하기 때문이다. 그런데 부산국제영화제 배리어프리 상영관이 굳이 폐쇄형을 선택한 이유는 장애인과 비장애인이 서로 함께 영화를 감상할 수 공간을 만드는데 주안점을 두었기 때문이다. 부산국제영화제 배리어프리 상영관의 관객 중 비장애인이 88.4%에 달하는 것도 이의 반증일 것이다. 그리고 이런 관점의 견지가 2014년 스마트폰을 활용한 배리어 프리 영화 감상 앱을 개발하는데 이르렀다.

2) 배리어프리영화 감상 앱

2014년 부산국제영화제에서는 스마트폰을 활용한 배리어 프리 영화 감상 앱을 시범 운영한 바 있다.

〈그림 4〉 부산국제영화제 배리어프리영화 감상 앱 이미지

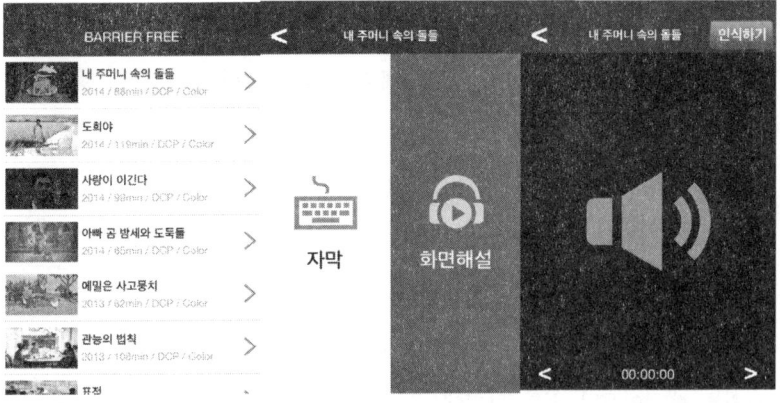

현재 극장에서 상영되는 배리어프리 영화들은 영화 원본에 화면해설 사운드를 믹싱하는 오픈형으로 서비스함으로써 제작 설비 구축과 제작 과정에

서 고비용(한국 영화 1,500여만 원, 외화 2,000여만 원)이 발생하는 문제가 있었다. 편당 최소 몇 십억을 호가하는 영화제작비에 비하면 고비용 축에도 안 끼 겠지만 배리어프리 영화의 양적 확산에는 분명 걸림돌이 되는 비용인 것만 은 확실하다. 또한 CGV 배리어프리 영화 상영의 예에서도 보듯이 특정한 날을 정해 장애인 대상으로만 영화를 상영함으로써 장애인과 비장애인이 함 께 한다는 배리어프리 본연의 의미가 퇴색되는 측면도 있었다.

하지만, 부산국제영화제 배리어프리 앱 활용을 위한 배리어프리 영화 제 작비는 기존보다 15%~20% 수준이며, 스마트폰만 있다면 특정한 날, 특정한 상영관을 정하지 않더라도 해당 영화가 상영되는 곳이라면 언제든지 관람이 가능하다.

상영관에서 사용자는 스마트폰을 통해 NOC(Network Operating Center) 플랫 폼으로부터 배리어프리 콘텐츠를 다운받은 후, 디지털핑거프린팅 기반의 ACR(Automated Content Recognition) 기술 적용으로 마이크를 통해 들어오는 음성신호에서 타임코드를 추출하여 사용자 보조 콘텐츠인 자막(TXT)이나, 화 면해설(AOD)과 동기화하는 방식으로 배리어프리 영화관람 환경을 제공하기 때문이다.

물론, 아직 장애인 이용 편의성 강화 부분과 동기화 스타트 속도 등 기 술적 과제도 일부 남아있지만, 이 앱 개발이 배리어프리 영화 상영 환경에 큰 전환점이 될 것이라는 데는 이론의 여지가 없을 것이다. 그리고 상영 방 식 중 오픈형보다 폐쇄형이 장애인과 비장애인이 서로 함께 영화를 감상할 수 있는 배리어프리 영화 가치에 조금 더 부합된 것이라는 관점의 견지가 스마트폰을 활용한 배리어 프리 영화 감상 앱을 개발하는데 이르렀다고 확 신한다. 물론 오픈형이 옳다는 가치 또한 새로운 기술적 진보를 낳을 것이라는 데도 이견은 없다(류위훈, 2014).

3) 청각장애인용 Captiview 및 시각장애인용 Fidelio

디지털시네마(DCP)를 통한 폐쇄형 시청각 자막서비스 제공이 가능한데 영화원본(DCP) 변형에 따른 저작권자와의 서비스상의 이슈와 초기 인프라(H/W) 구축을 위한 재원상의 이슈가 문제시 될 수 있다.

〈그림 5〉 청각장애인용 Captiview 및 시각장애인용 Fidelio

그러나 디지털핑거 프린팅 기술은 스마트폰, 태블릿PC, 스마트TV 등 다양한 스마트 기기에 적용될 수 있으며 콘텐츠 인식 및 동기화를 거쳐 다양한 서비스를 제공한다는 장점이 있다. 스마트 기기에 ACR(Automated Content Recognition)-Fingerprint 어플리케이션을 설치함으로써 라이브 또는 VOD, TV, Radio 프로그램 등을 인식하여 프로그램과 연계된 2nd 스크린 양방향 서비스를 제공하는 방식이다. 또한 영상프로그램 인식을 통해 스마트 기기에서 현재 방송 시점부터 2nd기기를 통해 이어보기 기능 등 다양한 부가서비스를 제공할 수 있다.

〈그림 6〉 콘텐츠 동기화를 위한 디지털핑거프린팅 기술

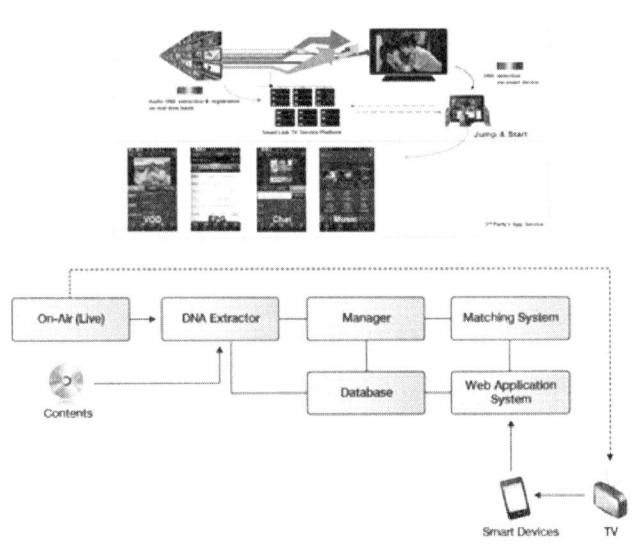

그 외에도 최신 기술을 이용한 작품들에서 화면해설에 적용한 기술을 살펴보면 다음과 같은 것을 들 수 있다. 첫째, multi-layer display system이다. 데이터 압축 기술과 전송기술 발달로 TV에서 다양한 시점의 선택영상을 볼 수 있게 되었다. 예를 들어 아이돌 그룹의 뮤직 비디오를 자기가 좋아하는 멤버만의 뮤직비디오를 선택할 수 있는 기능이다. 이러한 기술을 이용한다면 영화나 TV에서 멀티 레이어 데이터 영상을 한 화면에 보내 청각과 시각 등의 서브 레이어로 화면해설사 역할을 수행할 수 있게 되어 유니버설한 토털 솔루션의 탑재가 가능하다.

둘째, 2010년에 아르스 엘렉트로니카에서 최고상인 골든 니케(Golden Nike)를 수상한 "The EyeWirter"이다. 루게릭병에 걸린 환자를 위해 가장 저렴하게 자체 제작하여 사용할 수 있도록 오픈 소스화한 프로젝트이다. 안구추적장치라는 저렴한 소형 캠이 장착된 안경을 써서 홍채의 움직임을 추적

하는 장치인데 눈의 움직임만으로도 그림을 그리고 글을 쓸 수 있도록 한 장치로 Tempt One이라고 세계적으로 알려진 그라피티(Graffiti) 화가인 토니 콴(Tony Quan)이 루게릭병에 걸려 말하거나 움직이지도 못하지만 눈동자만 움직일 수 있었기 때문에 2009년에 제작되었다.

  셋째, 맹인들을 위해 개발된 이미지를 사운드로 변환시키는 기술로 Blind 'see with sound'라는 개념의 기술로 HMD 카메라를 통해 들어온 장애물의 이미지를 웨어러블(wearable) 노트북을 거쳐 헤드폰에 그 변화를 감지할 수 있도록 신호를 다르게 보내는 장치를 말한다. 2003년도에는 파리에 있는 국립과학연구소의 케빈 오리건(Kevin O'Regan) 연구원이 모바일 버전으로 발전시켰다. 현재는 계속 발전하여 멕시코에서는 GPS, 초음파 센서와 소형카메라를 동시에 장착하여 장애물을 분석하여 언어로 변화시켜 알려주는 스마트 안경도 개발되었다. 또한 영국의 옥스퍼드 대학 연구팀은 일급 시각장애인들에게 이미지를 증폭시켜 인지 가능한 상태로 이끌어주는 기술도 개발했다 (김형기, 2014).

【 참고문헌 】

김봉섭(2015). 시·청각 장애인 모바일 정보접근권 토론회 토론문. 국가인권위원회, 한국시각장애인협회 주최. 2015.9.1. 여의도 이룸센터.

김형기(2014). 〈화면해설사에서 적용 가능한 미래기술〉. 화면해설 현황과 전문 인력 양성을 위한 세미나 자료. 2014.10.3. 부산시청자미디어센터.

류위훈(2014). 〈배리어프리 활성화를 위한 인트라 구축사례〉. 화면해설 현황과 전문 인력 양성을 위한 세미나 자료. 2014.10.3. 부산시청자미디어센터.

박순옥·정수진·윤한민·정수경·김정희·추미전·지성훈·권명훈·한주형·강지성(2015). 〈배리어프리 화면해설〉. 부산국제영화제, 부산시청자미디어센터.

방송통신위원회(2009).장애인방송제작물 제작 편성 확대를 위한 정책연구.

배리어프리영화위원회(2015). 뉴스레터 3호.

부산시청자미디어센터(2014). 〈시청각장애인의 문화 향유권 보장을 위한 모바일기반의 배리어프리 영화콘텐츠제작 및 서비스구현〉. 2014.6.12. 발표자료.

송종길·박태순·이영주(2009). 『장애인 방송제작물 제작 편성 확대를 위한 정책연구』. 한국전파진흥원 정책연구 보고서.

송종길(2010). 『디지털미디어환경에서 미디어 소외계층의 실체 분석과 통합적 정책 프레임 구축 방안』. 한국방송통신전파진흥원 보고서.

송종길(2011). 『시청각 장애인 시청지원 서비스 활성화 방안 연구』. 방송통신위원회 연구과제

이외수(2006). 『감성사전』, 동숭동.

이준호·구종상·이제영(2010). 『전국장애인 방송현황 조사 및 정책제언』. 한국방송통신전파진흥원 연구보고서.

정기평·지성훈·박순옥·정수진·윤한민·김정희·정수경(2015). 『배리어프리 영상연출』. 부산국제영화제, 부산시청자미디어센터.

주정민·박승권·송종현·유승관(2011). 『장애인의 방송접근권 보장을 위한 방송신호 전송 실태조사 및 개선방안』. 한국방송통신전파진흥원 연구보고서.

하종원·송종현(2011). 시각장애인 방송환경 개선을 위한 화면해설방송 활성화 방안. 한국방송통신전파진흥원.

한국방송통신위원회(2015). 2014년도 방송소외계층 방송수신기 보급 현황.

한국방송통신위원회(2015). 2014년도 장애인방송 제작지원 현황.

한국방송통신전파진흥원(2012). 〈Communications Trend & Insight〉, 19호, 2012.

한국방송통신전파진흥원(2012). 『디지털환경에서의 방송소외계층 현황 및 방송접근권 확보방안 연구』. 한국방송통신전파진흥원 연구보고서.

한국시각장애인연합회(2015). 화면해설영화 케이블TV VOD 서비스 실시중. available at: http://www.kbuwel.or.kr/Board/Notice/Detail?contentSeq=470127

해외 선진국과 국내의 장애인방송 운영제도 비교 연구(2014). 전남대 산학협력단, 한국방송통신전파진흥원 연구보고서.

홍종배(2011). 『한국 장애인방송 편성실태 및 내용분석 연구: 자막, 수화, 화면해설방송을 중심으로』, 한국방송통신전파진흥원.

BBC. Production Handbook, A BBC guide to the Disability Discrimination Act 1995 : Access to Goods and Services.

Ofcom. 2013. Television Access Services Report

Ofcom. 2013. Code on Television Access Services Report

Ofcom Television Access Services Report 2013:available at: http://stakeholders.ofcom.org.uk/binaries/research/tv-research/access-service-reports/Access_services_report_2013_for_publication-_Final.pdf

Tabor, M. (1991). Encouraging "Those who would speak out with fresh voice" through the federal communication commission's minority ownership policies. *Iowa Law Review, 76(3)*.

【 부록 】

1. 화면해설 앱(app)

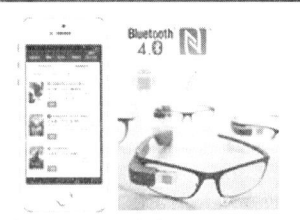
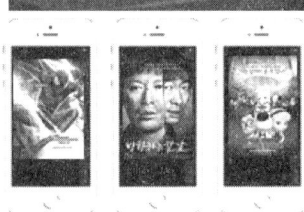

2. 화면해설실습 원고

드라마 〈총리와 나〉

오프닝 몽타주 (총리 공관 - 낮)

00:06

00:30(외부)

00:40인호　　　국무총리 초청 만찬에 와주신 국내외 귀빈 여러분께 감
　　　　　　　사드립니다. (영어 통역이 빠르게 따라 말한다) 대한민
　　　　　　　국 제 45대 국무총리, 권율 총리님께서 나오십니다.

(영어 통역이 미스터 권율 하면 바로)

1:00

1:10인호　　　그리고... 총리부인 남다정 여사이십니다.
　　　　　　　(영어 통역이 플리즈 웰컴 하면)

1:18

1:44다정(N)　　온 국민이 사랑하는 청렴하고 강직한 국무총리,
　　　　　　　나의 남편 권율.

1:52

2:02　　무술하는 상상

2:30다정(N)　　나에게만큼은 너무나 잔인하고!
　　　　　　　참으로 포악하며! 끔찍할만큼 냉혹했던 이 남자!!

2:40

다정(N)　　　　이 남자와의 말도 안되는 계약결혼의 시작은....

2:49

여자　　　　　너무 이뻐요! 싸인좀 해주세요.

2:53

3:05

　　　　　　　한정식집 방 (밤)

권율　　　　　정무수석께서 저에게 꼭 하실 말씀 이라는 게 뭡니까?
정무수석　　　총리지명자가 인사청문회를 통과하지 못한 게 벌써 세 번째입니다. 이번엔 배수의 진을 치는 심정으로, 대통령께서 아주 파격적인 인사를 단행하려고 하십니다.
권율　　　　　파격적인.. 인사요?
정무수석　　　대한민국 헌정사상 최연소 국무총리! ...국무총리를 맡아주십시오.

3:30

　　　　　　　한정식집 마당 일각 (밤)

3:33

3:36 다정　　　이상하다. 분명히 현이 들어왔다고 했는데...?

3:40

3:49 다정　　　딱 걸렸어!
　　　　　　　한정식집 마당 일각 (밤)

3:51

| 3:53 정무수석 | 어려운 결정 해주셔서 정말 고맙습니다. 내일 오전, 청와대에서 공식 브리핑 나갈때까지만 보안 유지해주십시오. 그럼.. (돌아서고) |
| 혜주 | 제가 배웅하고 오겠습니다. |

4:07

4:17(찰칵!)

한정식집 마당 일각 (밤)

| 4:25 다정 | 오.. 좋아 좋아.. 쫌만 더 |

4:32

4:36 다정	방금 이거 뭐야..? (하는데)
권율	당신 뭐야? 누구 허락 받고 이런 사진 찍는 거지? 기잔가?
다정	네네.. 기자 맞고요, 제가 좀 바쁘거든요? 좀 비켜주실래요? (가려는데)
권율	내 사진은 지우고 가야지!
다정	그 쪽 찍은 거 아닌데! 아, 카메라 줘요! 이리 달라구요!!!
권율	어떻게 알고 왔는진 모르겠지만 내일 청와대에서 공식 발표할 때까진 엠바고야. 지켜주길 바래.
다정	처, 청와대? 지금 무슨 소리하시는 거에요. 내 카메라나 주세요! (달려드는)
권율	잠깐!

5:10

5:15

권율	당신... 이런 사진 찍으면서 사나?
다정	나, 남이야 뭘 찍든 무슨 상관이에요?
권율	남 사생활 파서 먹고 사는 게 부끄럽지도 않은가보지? .... 한심하구만 한심해..

5:28

5:35

다정	뭐, 뭐 한심? 하. 진짜 웃기는 아저씨네. 근데 어디서 많이 본 얼굴인데...?

5:49

5:56

루리	야! 거기 서!!
	박준기 장관실 (낮)
뉴스	권율 국무총리 내정자는 총리실 직원들로부터 업무 전반과 국회 청문회 준비 상황 등에 대한 보고를 받는 것으로 첫 일정을 시작했습니다. 최연소 국무총리라는 파격적인 인선에 시민들의 반응이 뜨겁습니다.
박준기	꺼.

6:11

6:14 배실장   대통령이 권율로 결정할 줄은 생각 못했습니다. 장관님
              께서 되실 줄 알았는데...

박준기   저격수보단 소방수가 필요한 상황이잖아? 총리 지명자
              가 3명이나 비리로 낙마한 상황에서 재벌가 사위보단
              낫겠다 싶었겠지.

배실장   야당 쪽 반응으로 볼 때 인사 청문회 통과는 문제 없
              을 것 같은데...

박준기   과연 그럴까? 문제야 만들면 되는 법이지. 내 말, 무슨
              뜻인지 알지?

              몽타주

6:43

6:48 고달표   이 사람한테 붙어.

6:50

6:51

다정   어? 이 사람은...!

고달표   우리 대한민국도 드디어 핸섬하고 스타일 좋은 국무총
              리를 갖게 되거야. 검사 시절부터 탁월한 능력과 청렴
              강직한 성품으로 이름을 날렸지. 국회 입성 후, 뛰어난
              의정활동과 빼어난 비주얼로 얻은 별명이 여의도 이병
              헌이야. 그렇게 승승장구하던 그에게도 아픔은 있었으
              니.. 7년 전, 제주도지사 시절, 불의의 교통사고로 아내
              를 잃었지. 재혼하라는 주위의 권유를 뿌리치고 세 아

이들을 홀로 키우는 그의 순애보 때문에 대한민국 최고의 순정남 반열에 올랐어.
그리하야, 여대생들이 뽑은 섹시한 정치인 1위!
연예인이 뽑은 수트발 정치인 1위!
골드미스들이 뽑은 연애하고 싶은 남자 1위!
유부녀들이 뽑은, 남편과 바꾸고 싶은 남자 1위!

스캔들뉴스 사무실 (낮)

고달표   한마디로 지금 대한민국 여성들의 가장 핫한 관심을 받는 셀러브리티는 신임 국무총리 권율이다 이 말씀이야.

다정   어쩐지 낯이 익더라니... 아니 근데 정치인한테 우리가 물어볼 게 뭐가 있어요? 진보냐 보수냐 이런 거 물어봐요?

고달표   그런 진부한 소릴 하다니..! 우리 스캔들뉴스 독자들은 권율의 국가관, 정치관, 인생관 이딴 거 관심 없는 거 몰라? 우리의 관심은 오로지 하나!

8:25

8:30

고달표   서혜주! 10년째 권율의 비서실장을 맡고 있지. 대학후배에 정치적 동지 어쩌구 하면서 옆에 붙어 다니는데 과연 그게 사실일까?

희철   호~ 그러니까 열애설 캐라 이거죠?

고달표   그렇지! 남다정, 니가 가서 샅샅이 훑어봐.

다정   싫다면요?

고달표	싫음 할 수 없지. 그동안 진행비 니 월급에서 깔게. 다!
다정	성격도 급하시긴... 할게요. 하면 되잖아

청사 로비 일각 (낮)

권율	안녕하십니까? 권율입니다. 어려운 시국에 어려운 책무를 맡았습니다. 국민의 기대와 우려 모두 잊지 않고 최선을 다하겠다는 말씀만 드리겠습니다.
다정	정치부 기자처럼 보이려나...
기자	"총리 지명 알고 제주도지사 삼선 출마를 포기하신 겁니까?"
기자	"김태만 대통령의 정국돌파용 개각이라는 의견에 어떻게 생각하십니까?", "인사청문회, 통과하실 수 있겠습니까?"
다정	재혼계획은 없으신가요?!

9:20

9:32

권율	방금 뭐라고 하셨습니까?
다정	호, 혹시 재혼 계획 없으신가..해서...
권율	어디 기잡니까?
다정	스, 스캔들뉴스 남다정입니다.
권율	스캔들뉴스?! 남다정 기자...

9:51

9:58

권율	정치가 뭐라고 생각하십니까?

다정	정치요? 정, 정치..가..
권율	사전적 의미로는 사회 구성원들의 다양한 이해관계를 조정하여 국가의 정책과 목적을 실현시키는 일을 뜻하죠. 뭐 현실적 의미로는 이합집산과 이전투구, 마이동풍에 이판사판이겠지만. 그런데! 내 재혼 계획 어디쯤에 국가의 정책과 목적을 실현시키는 일이 포함되어 있는거죠? 이 정도면 답변 됐습니까?

10:32

10:40

변우철	꼴 좋구만~ 연예인이나 쫓아다닐 것이지 스캔들뉴스 니들이 여길 왜 와?
여자기자	내말이
다정	아 진짜 별꼴들이야. 그렇다고 내가 포기할 줄 아나?

10:56

권율 차 안 (낮)

11:00

11:04

혜주	기자들 그런 식으로 대하시면 곤란해요. 아까 관료들에게도 그렇고.. 너무 스트레이트하게 하시면,
권율	좋은 게 좋다는 식으로 허허실실 사람 좋은 척 하는건 내 스타일 아니야. (멈칫) 근데 아까 그 여기자 어디서 본 얼굴인데..?
혜주	네?

권율	아, 아니야 아무것도.
혜주	인준 전까지는 인수위 사무실에서 업무보고를 받으실 겁니다. 청문회 통과 후에 청사로 출근하시면 되고 경호도 그때부터 시작될 거구요.
권율	참 수행과장은 어떻게 됐지?
혜주	후보자를 인수위로 오라고 했습니다. 만나보고 결정하시면 됩니다.

11:37

12:12(다정 얼굴에서).

12:23

	거리 (낮)
권율	이봐. 아가씨! 언제까지 쫓아올 거지?
다정	네? 지금 저한테 말씀하셨어요? 저 아세요?
권율	알거 같군. 아까 재혼계획 물어본 기자잖.. (하다가 퍼뜩 떠오르는)
(1부 #8) 다정	! 나, 남이야 뭘 찍든 무슨 상관이에요?
권율	잠깐! 당신, 나 어제도 봤지?
다정	어머 아셨어요? 들켰네..
혜주	이런 식으로 미행하면 안되는 거 아닌가요? 이렇게 쫓아오는 이유가 뭐죠?
다정	그, 그야... 이, 인터뷰! 인터뷰 따려구요!

권율	인터뷰?! … 좋아. 그럼 타.
다정	네?!
권율	인터뷰 하고 싶다며? 해줄테니까 타라구.
다정	(반색하며) 진짜요? 진짜 해주시는 거죠?

13:25

13:38

	권율 차 안 (낮)
다정	스캔들뉴스 남다정입니다.

3. [2014 부산국제영화제] "표적" 화면해설대본

대본 " 김정희 "

색인 설명 구분 - NA : 화면해설(회색), 대사 : 본대본(흰색)

간격 : 화면해설이 들어갈 간격

구분	시간	간격	대사 / 화면해설
NA	0:00:00~0:00:20	13	
	0:00:20~0:00:47	27	억수같이 비가 쏟아지는 날 밤, 명진빌딩에서 살인사건이 발생하고 용병출신 여훈이 살인용의자로 지목돼 경찰의 추격을 받는다. 여훈의 담당 의사인 태준은 정체불명의 괴한에게 아내가 납치당한다. 살인사건을 두고 경찰과 용의자, 주변인들의 쫓고 쫓기는 추격전과 심리전!! 하지만 살인사건의 전모가 밝혀지면서 사건은 또 다른 국면으로 치닫게 되는데.....
	0:00:49~0:00:54	3	제공/배급 cj 엔터테인먼트
	0:00:54~0:00:58	3	제작, 주식회사 바른손, 용필름
	0:00:58~0:01:02	3	
	0:01:02~0:01:07	4	
	0:01:07~0:01:14	6	
	0:01:14~0:01:22	8	
	0:01:22~0:01:24	1	(총소리)
	0:01:24~0:01:29	4	
	0:01:29~0:01:33	3	
	0:01:33~0:01:46	12	
	0:01:46~0:01:59	14	
	0:01:59~0:02:04	5	
	0:02:04~0:02:09	5	
	0:02:09~0:02:17	8	
	0:02:17~0:02:24	8	
	0:02:25~0:02:27	2	잠깐

	0:02:27~0:02:29	2	
	0:02:29~0:02:41	12	
	0:02:41~0:02:42	1	
	0:02:42~0:02:43	1	(교통사고 소리)
	0:02:43~0:02:46	3	
	0:02:46~0:02:47	1	저기요
	0:02:47~0:02:51	4	
	0:02:51~0:02:59	8	
	0:02:59~0:03:05	6	
	0:03:05~0:03:10	5	제목이 사라지면 표적 주위로 그래픽 이미지가 흘러나온다. 자막 제작투자 정태성.
	0:03:10~0:03:19	9	총알이 박힌 벽, 총알을 발사하는 권총 자막 투자총괄 권미경, 투자책임 방옥경
	0:03:19~0:03:22	3	총을 들고 있는 남자
	0:03:22~0:03:29	7	자막 프로듀서 이준우
	0:03:29~0:03:35	6	숫자 408, 주위로 총알 박힌다.
	0:03:35~0:03:44	9	총을 발사하는 남자 손 백여훈 역 류승룡, 이태준역 이진욱
	0:03:44~0:03:51	7	정영주역 김성령
	0:03:51~0:04:00	9	자막 감독 창
	0:04:00		(빠르게)밤, 병원 응급실, 산소호흡기를 달고 침대에 실려오는 여훈
대사	0:04:00~0:04:02	2	긴급환자 들어갑니다.
	0:04:02~0:04:04	2	잠깐 비켜주세요
	0:04:04~0:04:05	1	이쪽이요
	0:04:05~0:04:06	1	하나, 둘, 셋
NA	0:04:06~0:04:08	2	
대사	0:04:08~0:04:10	2	-교통사고환자입니까? -네. 정신차려보세요
	0:04:10~0:04:11	1	승압제 좀 준비해주세요.
NA	0:04:11~0:04:12	1	
대사	0:04:12~0:04:14	2	골절부위 안보이죠?;옷 좀 찢어볼까요?
NA	0:04:14~0:04:20	6	

부록 233

대사	04:20~04:21	1	이거 총상 아냐?
NA	04:21~04:23	2	
대사	04:23~04:26	2	선생님, 신고해야 되는 거 아니에요?
대사	04:26~04:28	2	아...예
NA	04:28~04:36	8	
	04:36~04:38	2	
대사	04:38~04:42	4	손 발 잘 움직이죠?
	04:42~04:44	2	
대사	04:44~04:46	2	-왔어? -어때? 어떻게 됐어?
	04:46~04:47	1	기립성 저혈압증이야
	04:47~04:50	3	-그래? -괜찮아
	04:50~04:53	3	-철분제 챙겨 줄 테니까 가져가 -고마워
NA	04:53~04:55	2	
대사	04:55~04:56	1	일어나자
NA	04:56~05:01	5	
대사	05:01~05:06	5	-가서 일 봐 -응급실에 간호사들 많은데 뭐! 요 앞까지만
NA	05:06~05:11	5	
대사	05:11~05:13	2	알았어 갈게. 간다 가!
NA	05:13~05:14	1	
대사	05:14~05:17	3	-미안 -빨리 가 봐 -미안해
	05:17~05:22	5	-아침밥은 내가한다 -알았어 -더 이상 나쁜 남편 만들지 마라
	05:22~05:23	1	늦지나 마
NA	05:23~05:24	1	
대사	05:24~05:27	3	형이 임마 외로워서 그래 임마
	05:27~05:31	4	쉿~쉿~ 그러지 말고 한 대만 눠주라
	05:31~05:34	3	-아저씨 여기서 이러시면 안돼요.

	05:34~05:36	2	-편의점에서 포도당을 안준대잖아~씨 형이 임마 외롭다 아주 진짜..
	05:36~05:37	1	-경비실에 연락해봐요 -네!
	05:37~05:39	2	포도당
	05:39~05:41	2	아이 야! 임마 너....이 씨
	05:41~05:44	3	-아! 아으 -아 아으 하!
NA	05:43~05:45	2	
대사	05:45~05:50	5	-일어나세요. -알았어. 임마 새끼들! 야 형 다친다. 임마
NA	05:50~06:01	11	
대사	06:01~06:02	1	저기요
NA	06:02~06:03	1	
대사	06:03~06:04	1	저기 선생님
NA	06:04~06:09	5	
대사	06:09~06:10	1	어떻게 된 거지?
NA	06:10~06:11	1	
대사	06:11~06:13	2	왜 라인이 끊어져 있는 거야?
NA	06:13~06:16	3	
대사	06:16~06:19	3	-엠부 준비해 줘 -네! -제세동기 좀 빨리 부탁해요
NA	06:19~06:21	2	
대사	06:21~06:24	3	하나, 둘, 셋, 넷, 하나, 둘, 셋, 넷...
NA	0:06:26~0:06:34	8	
	0:06:34~0:06:43	9	
대사	06:43~06:44	1	아 됐다
NA	06:44~06:47	3	태준이 안도한다.
대사	06:47~06:49	2	10분 단위로 체크해서 알려줘요.
	06:49~06:50	1	네
NA	06:50~06:52	2	
대사	06:52~06:53	1	-빨리도 온다
NA	06:53~06:55	2	

♣ 찾아보기

【ㄱ】

객관성 43, 82
객관적 묘사 47, 149
검수 69
공공서비스채널(PSB) 166
공공서비스채널 167
교차편집 23

【ㄴ】

내레이션 16, 60, 65, 69, 137
내레이터 65, 69, 140, 141
녹음 67, 68, 69, 173, 206

【ㄷ】

대사 15, 16, 41, 57, 60, 61, 62, 66, 67, 68, 69, 72, 75, 85, 86, 91, 125, 133, 134, 135, 136, 137
동등접근권 205
디럭스미디어 176, 179, 206
디지털마스터링 203
디지털시네마(DCP) 215
디지털펑거프린팅 214

【ㄹ】

레드비 173, 174, 205

【ㅁ】

묘사 15, 16, 18, 22, 27, 33, 47, 58, 71, 73, 77, 82, 85, 133, 137, 142, 149, 151
미니 FM 수신기 212
미디어 접근권 208
믹싱 69, 212, 213

【ㅂ】

방송법 155, 163, 186
방송소외계층 155, 157, 211
방송접근권 153, 154
방송통신위원회 11, 154, 155, 156
배리어프리 9, 10, 12, 13, 203, 211, 212, 213, 214
배리어프리영화위원회 10, 11
복선 51, 76, 91
부산국제영화제 19, 47, 54, 203, 212, 213, 214

【ㅅ】

셔레이드 15, 29, 30, 55, 83
수화 153, 155, 156, 161, 162, 165, 167, 170, 185, 189, 190, 192, 194, 200, 205, 207, 211
시각장애인 15, 36, 39, 54, 57, 59, 61, 67, 68, 71, 76, 82, 83, 84, 95, 133, 134, 137, 138, 141, 143, 146, 153, 154, 157, 166, 207, 213, 215
시각화 15, 16, 80
시점 39, 41, 59, 65, 73, 76, 128, 141, 215

시청각 평의회 181
시청각최고위원회 181

【ㅇ】
에스컬레이터 정책 170
연방통신위원회 157
영화진흥위원회 11
오프콤 162, 164, 165, 166, 167, 170, 171, 174
오픈형 212, 213
왕립시각장애인협회 166, 172
원 오디오 60, 133, 136, 137
원고 작업 57, 66
의성어 83, 84
의태어 83, 84
인물 15, 18, 22, 23, 26, 29, 30, 39, 57, 59, 66, 72, 73, 74, 80, 81, 82, 83, 93, 126, 133, 137

【ㅈ】
자막해설 10, 203
장면 묘사 33
장애인방송 인력현황 197
장애인방송 제작인력 197, 200, 201
전문 인력 양성 203, 208
정경 15, 33, 88
정보통신연구기구 186, 187, 190
정책 개선방안 205, 207
주관적 창작 85, 149
지시어 88

【ㅊ】
총무성 186, 188, 189, 190, 191

【ㅋ】
콘텐츠 동기화 216

【ㅌ】
타임체크 15, 61, 62, 65, 97, 114

【ㅍ】
폐쇄형 212, 213, 214
플래시백 22

【ㅎ】
한국방송통신전파진흥원 133, 157
화면해설 정책 205
화면해설 해설자 58, 67
화면해설방송 10, 33, 153, 154, 155, 157, 160, 173, 179, 185, 189, 198, 199, 200, 203, 207
화면해설작가 12, 14, 15, 85, 86, 133, 149

【영문】
ACOD 161, 164
BBC 161, 163, 168, 172, 173, 174, 205, 206
Captiview 215
CRTC 160, 161
CSA 181, 182, 183, 184
FCC 157, 158, 159, 160
Fidelio 215
multi-layer display system 216
NICT 186, 190, 191, 192, 193, 194
RedBee 173, 205
Redbee 179
RNIB 166, 172, 177, 178, 179, 206

| 저자소개

유승관

동명대학교 신문방송학과 교수다. 미국 서던일리노이대학교에서 박사학위를 받았다. 한국방송학회 기획이사, 지역방송특별위원을 역임했고, 방송통신심의위원회 보도교양방송특별위원, 한국방송통신전파진흥원 미디어교육정책포럼 위원, 한국방송통신전파진흥원 시청자권익증진사업 심사위원, 부산콘텐츠마켓 집행이사로도 활동했다. 현재 부산 MBC시청자위원으로도 활동하고 있다.

김정희

동명대학교 대학원 신문방송학 박사과정 중에 있으며 다년간 부산KBS에서 구성작가로 활동했다. 현재 부산평화방송 편성보도팀장으로 재직 중이다. 동명대학교와 부산 시청자 미디어센터에서 화면해설과 관련된 강의를 하고 있다.

장애인을 위한 화면해설론

초판 인쇄	2015년 12월 10일
초판발행	2015년 12월 15일
저 자	유승관, 김정희
발 행 인	권 호 순
발 행 처	시간의물레
등 록	2002년 12월 9일
등록번호	제1-3148호
주 소	서울시 마포구 마포대로 4다길 3(1층)
전 화	02-3273-3867, 070-8808-3867
팩 스	02-3273-3868
전자우편	timeofr@naver.com
블 로 그	http://blog.naver.com/mulretime
홈페이지	http://www.mulretime.com
I S B N	978-89-6511-142-9 (93680)
정 가	13,000원

* 이 도서의 국립중앙도서관 출판예정도서목록(CIP)은 서지정보유통지원시스템 홈페이지(http://seoji.nl.go.kr)와 국가자료공동목록시스템(http://www.nl.go.kr/kolisnet)에서 이용하실 수 있습니다.(CIP제어번호: CIP2015034716)

* 이 책의 저작권은 저자에게 출판권은 시간의물레에 있습니다.
* 잘못된 책은 바꿔드립니다.